말이
　　몸이
되는
날

말이 몸이 되는 날

몰랐던 너와 내가 만나는 연극 시간

쓰담문고 004

초판 1쇄 발행 2023년 5월 1일
초판 2쇄 발행 2024년 1월 20일

지은이   구민정
펴낸이   이영선
책임편집   이현정

편집   이일규 김선정 김문정 김종훈 이민재 김영아 이현정
디자인   김회량 위수연
독자본부   김일신 정혜영 김연수 김민수 박정래 손미경 김동욱

펴낸곳 서해문집 | 출판등록 1989년 3월 16일(제406-2005-000047호)
주소 경기도 파주시 광인사길 217(파주출판도시)
전화 (031)955-7470 | 팩스 (031)955-7469
홈페이지 www.booksea.co.kr | 이메일 shmj21@hanmail.net

ISBN 979-11-92988-09-2 43680

쓰담
004

몰랐던 너와 내가 만나는
연극 시간

말이
몸이
되는
날

구민정 지음

서해문집

누구나 살아
있음을 알게
하 는 소 리

소리에 예민한 편입니다. 사람의 목소리에서 다양한 온도와 빛깔을 느낍니다. 제 목소리는 저음의 어느 지점인데 어느 날 목소리를 크게 낼 수 없었던 기억이 납니다. 청소년기였죠. 한입 삼킨 밤고구마가 목에 걸린 것처럼 답답했어요. 앞날이 물음표투성이고 낭떠러지 앞에 선 듯한 느낌에 시원하게 소리 지르기를 간절히 원했습니다. 소극적인 성격 때문인지 잘 안되더라고요. 생각해 보면 뭔진 몰랐지만 살아 있는 어떤 말이 몸 밖으로 뛰쳐나오려 했던 것 같습니다.

그 시절 마음의 소리를 시원하게 내지를 수 있었던 곳이 연극 무대였습니다. 무대에 오르면 소심한 저 대신 다른 사람이 될 수 있었고, 다른 사람이 되어 외치는 대사는 제 심장 속에서 힘 있게 솟아 나오는 말처럼 느껴졌습니다. 저의 오감이 느끼는 대로 제 몸이 빚어낸 진짜 소리 같았습니다. 연극을 하면 어느새 〈작은 아씨들〉의 '조'가 되어, 때로는 〈베니스의 상인〉의 '포샤'가 되어 멋지고 당당한 목소리로 말할 수 있었습니다. 그 말은 타인의 시선에 주눅 든 저를 일으키고, 무대에서 울려 퍼지는 말 속의 깊은 의미는 다시 제 몸이 되어 저를 성장시켰어요.

이 책은 말이 몸이 되는 예술, '연극'에 관한 이야기랍니다. 연극은 인류의 아주 오래된 예술입니다. 그만큼 사람들은 옛날부터 연극의 효과를 잘 알았던 것 같습니다. 인생은 누구에게나 단 한 번뿐이죠. 그런데 연극은 한 번의 인생을 여러 번의 인생으로 바꿔 줍니다. 그어진 선 안에 갇힌 내 삶의 경계를 넘어 다른 사람이 되게 해 주고, 넓고 탁 트인 눈을 갖게 해 줍니다. 잠시나마 시원한 호흡을 들이쉬고 내쉬도록 상상이라는 푸른 하늘을 허락합니다. 연극을 생각하면 언제나 마음이 들뜨는데, 누구의 부름 없이도 스스로 그곳에 가고 싶어지기 때문입니다.

책을 읽는 동안 연극의 이 골목 저 골목을 탐험해 보세요. 첫 골목에서는 연극이 어떤 예술인지 알아 가는 데 도움이 될 몇 가지 이야기를 들려드립니다. 그리고 연극을 놀이처럼 친근하게 여길 수 있기를 바라며 직접 시도해 볼 수 있는 방법들을 안내합니다. 길을 따라가다가 골목 사이사이 샛길이 나오면, 잠시 쉬면서 연극이 우리에게 던지는 질문들을 건네려 합니다. 연극에 담을 수 있는 주제들을 조심스럽게 다루었습니다. 우정, 사랑, 하루에도 수십 번 바뀌는 감정, 환대, 공감하기 등…. 복잡하고 손에 잡히지 않았던 것들을 연극으로 사유해 볼 수 있을 거예요.

마음이 몸의 말로 표현되고, 그 말이 다시 몸이 되는 연극 무대는 누구나 살아 있음을 알게 하는 마법의 공간입니다. 이제 그 무대로 여러분을 초대합니다.

무대 위로 뛰어오르는 여러분을 상상하며
구민정

차
례

프롤로그 _누구나 살아 있음을 알게 하는 소리 · 4

1 몸으로 하는 말   11
   연극의 힘 | 지금 어떤 역할을 입고 있나요?
   #10미터 걷기 · 22

2 세탁기에서 달까지   23
   일상을 무대로 만드는 법 | 드라마 찾기

3 되어 보는 일   35
   우리로 이끄는 세계 | S의 경우
   #최초의 연극, 노래 · 46

4 엉킨 마음을 푸는 시간 _빈 의자   53
   말 걸기 | 상상이 주는 평화

5 가면이 필요하세요? _연기   65
   변신의 의미 | 허락 받은 변신

6 나에게서 너에게로 _대본   75
   끝말잇기 | 소통의 원리
   #낭독극의 즐거움 · 83

7   무궁화꽃이 수영합니다 _타블로   89

하나 둘 셋, 찰칵! | 모든 움직임엔 이유가 있다

8   과거와 미래를 이을 때 _플래시백, 플래시포워드   99

타임머신 놀이 | 순간이 영원으로

9   연극이라는 모험 _핫 시팅과 그 밖의 방법들   111

인물 설정부터 결말까지 | 내가 영웅이라면

#영웅이 되어 보세요 • 131

10   어떻게 삶을 사랑할 수 있을까   133

누구나 한 번쯤 가출을 상상하죠 | 어른보다 어른다운, 우리의 사랑

11   감정은 포기할 수 없는 거야   143

움직이는 정서 | 슬픔의 짝

12   그의 이름은   153

한 이주노동자의 죽음 | 구별을 허무는 몸

13   당신의 바다는 어떤 모양입니까   163

같은 눈높이 | 소리로 보는 세상

에필로그 _말에 체온을 더하면 • 174

1

몸으로 하는
말

여러 해 전, 선풍을 일으켰던 드라마 〈도깨비〉 아세요? 주인공으로 나왔던 배우 공유와 이동욱, 그리고 영화 〈더 킹〉의 정우성과 조인성, 〈전우치〉의 강동원. 인기가 대단한 이 배우들의 공통점은 무엇일까요? 네, 그래요. 바로 모델 출신이죠.

"기럭지도 훈훈, 비주얼도 훈훈. 모델 출신 연기자들의 인기가 심상치 않다." 한 드라마의 인기가 높아지자 언론에서 흥행 비결을 설명한 기사입니다. 이걸 보면 어쩐지 배우가 되기 위해서는 몸매가 좋고, 키가 커야 할 것 같은 생각이 들지도 몰라요.

그런데 모델 출신 배우의 연기가 꼭 키 크고 몸매가 좋아서 뛰어나 보이는 걸까요? 큰 키는 가끔 상대 배우와 연기할 때 방해가 되기도 한다니 꼭 그 이유만은 아닐 겁니다. 모델, 하면 제일 먼저 어떤 모습이 떠오르세요? 멋지게 무대 위를 걷는 워킹 장면 아닌

가요?

　이미 짐작하셨겠지만 연기는 무엇보다 편안하게 걷는 데서 출발합니다. 모델 출신 배우들의 연기 비결은 아마도 타인의 눈앞에서 몸을 자연스럽게 움직이며 걷도록 단련한 것과 깊은 관계가 있을 겁니다.

연극의 힘

연극은 모델이 무대 위를 걷는 것처럼 몸 전체를 보이고 움직여 표현하는 예술입니다. 만약 연극의 목적이 어떤 이야기 전하기라면 배우의 조건은 말 잘하기, 즉 이야기꾼의 재능이면 될 거예요. 하지만 연극은 말로 하는 이야기 그 이상의 것을 전합니다. 배우는 말, 표정, 움직임으로 관객에게 수많은 메시지와 풍요로운 세계를 보여 줄 수 있죠.

　연극이 전하는 '그 이상의 것'에 제약은 없어요. 연극은 시간과 공간을 넘나드는 상상력으로 어떤 시간대든 '바로 이곳' 무대에서 펼쳐 보입니다. 과학처럼 실물을 보여 주는 것은 아니지만 꿈꾸던 세상을 몇 초 만에 나타나게 합니다. 다른 사람의 삶을 대신 살아 보게 해서 유한한 인간의 삶을 확장시켜 줍니다. 타인과 자신의 입장을 바꿔 생각하도록 이끌기도 해요. 역지사지易地思之에서 오는 공감은 때로 세상을 바꿀 만큼 힘이 세죠. 이를테면 곤경에 빠진 사람들의 처지에 깊이 공감하고 그 상황을 극복하기 위해 많은 사람이 함께 행동하면 사회에 변혁이 일어납니다.

연극의 언어는 결국 행동(action)입니다. 변화를 일으키는 것은 몸의 움직임이에요. 체온을 담은 움직임은 경우에 따라 강한 파괴력을 갖습니다. 시대의 모순과 부조리함까지 부숩니다. 비극적으로 혹은 희극적으로.

그래서 배우는 목소리만이 아니라 몸 전체로 말해야 합니다. 일단 몸으로 무언가를 잘 보일 수 있어야 합니다. 몸은 부피를 지니므로 몸짓으로 풍부하게 표현하려면 적당한 공간이 필요합니다. 그 공간을 무대라고 하죠. 배우가 무대 위에서 시작과 끝이 있는 이야기 그 이상을 관객에게 보여 주면, 막이 내리고 공연이 끝나도 관객의 마음속에 오래도록 몸의 말이 남습니다. 이것을 '여파(after-math)'라고 해요.

몸의 말은 대사가 없어도 전해집니다. 무대 위에 있지만 말이 없는 배우를 본 적 있죠?

'복도를 지나가는 학생 A'를 연기 중인 배우가 있다고 칩시다. A가 '벽에 기대어 있는 학생 B'를 바라보며 복도를 지나가는 팬터마임(대사 없이 표정과 몸짓만으로 내용을 전달하는 연극)이 진행되고 있다고 상상해 보세요. 둘은 만나서는 안 되는 사이입니다. A가 B에게

돈을 빌렸는데, 갚을 돈이 없어 B를 피하고 있어요. 그렇다면 B를 본 A는 슬금슬금 꽁무니를 빼겠죠. A 역할의 배우는 대사 없이 어떤 식으로든 그 상황을 전하려고 몸의 말, 행동을 할 겁니다. 온몸으로 의미를 만들어 보일 것이고, 관객은 그의 몸짓만으로도 그가 어떤 상황에 처해 있는지 눈치를 챌 겁니다. 팬터마임이 연극의 한 갈래인 이유입니다.

지금 어떤 역할을 입고 있나요?

우리는 혼자 있을 때 주로 침묵하고 있습니다. (혼자서 중얼거린다면 심상치 않은 상태일 거예요.) 침묵한 채 어떤 행동을 계속하고 있습니다. 침묵하고 책을 보며 차를 마신다거나 산책을 합니다. 연극 무대 위의 배우도 마찬가지입니다. 대사가 있건 없건 배우는 늘 맡은 역할에 따라 행동을 합니다. 처음 등장하는 걸음걸이에서부터 그의 성격이 나타나죠. 그래서 '연기의 기초는 걸음걸이'라고 합니다.

　다른 사람들이 보는 앞에서 자연스럽게 걷는 건 참 어렵습니다. 긴장하고 걸으면 같은 쪽 손과 발이 동시에 올라가기도 하잖아요. 더구나 무대처럼 몸이 숨김없이 다 보이는 곳에서 자연스럽게 행동하기란 힘든 일이 아닐 수 없을 거예요. 유명한 배우들도 병아리 연기자였을 때는 어색함에서 벗어나기 위해 애를 많이 썼을 겁니다. 배우 오디션에서는 '걸어 들어오는 순간 그의 모든 것을 알 수 있다'는 말이 있을 정도니까요.

잠깐 연기의 기초를 배워 보실래요? 남 앞에서 그냥 걷자면 너무 어색할 테니 처음엔 선글라스를 쓰고 걸어 보세요. 세수 안 하고 동네 편의점에 갈 때처럼 후드 티를 활용하거나 모자를 쓰고 걷는 것도 한 가지 방법이에요. 선글라스나 후드는 일종의 가면이에요. 가면을 쓰면 얼굴을 가릴 수 있기 때문에 조금 덜 어색할 거예요. 그래서 가면무도회라는 게 있는지도 모르겠어요. 가면은 나와 다른 인물이 되어 마치 '~인 것처럼' 움직이는 자유를 허용하는 효과가 있으니까요. 그러니 여러분도 되어 보고 싶은 누군가의 가면을 쓰고 마치 그 사람인 것처럼 걷는 연습을 해 보세요. 자꾸 하다 보면 남들 앞에서 움직임으로 표현하는 것이 조금씩 자연스러워질 겁니다.

배우는 역할에 따라 새로운 가면을 쓸 수 있습니다. 페르소나 persona를 바꾸죠. 페르소나는 배우가 어떤 역할을 입을 때 그 역할에서 뿜어져 나오는 분위기를 말합니다. 사람을 의미하는 영어 단어 'person'은 여기서 파생되었어요. 배우만이 아니라 사람은 그때그때 다른 사람과 맺는 관계나 사회적 역할에 맞게 행동을 변화시킵니다. 누구나 역할이 많아요. 학생, 자녀, 친구…. 그래서 미국의 사회학자 어빙 고프먼의 말처럼 '사람은 상황에 따라 가면을 바꿔 쓰는 존재'라는 생각이 들기도 해요. 여러분은 이 순간 어떤 역할을 입고 있나요?

역할을 가리키는 영어 단어는 캐릭터character입니다. 그리스어 'kharakter'에서 유래했습니다. '동판, 도장, 도장을 새기는 도구'라는 뜻인데요. 따져 보면 인간의 마음이나 머릿속에 도장을 찍어 쉽게 지울 수 없는 인상을 심어 준다는 의미예요. 그러니 다른 것과 공유할 수 없는 특징, 고유한 성격을 가진 등장인물이 바로 캐릭터입니다.

정리하자면 연극은 어떤 가면을 쓴 배우들이 자신과 다른 캐릭터가 되어 이야기 그 이상의 것을 보여 주는 몸의 예술이라 할 수 있습니다. 가면을 쓴다는 건 어떤 역할을 입는다는 겁니다. 가면은 단지 얼굴만이 아니라 원래의 자기 모습 전체를 가린다고 할 수 있죠.

각각의 가면이 정해진 캐릭터가 이끌어 가는 연극이 있어요. 이탈리아에서 생겨난 코메디아 델라르테Commedia dell'arte입니다. 코메디아 델라르테의 캐릭터들은 어떤 부류의 성격을 잘 나타내죠. '카피타노'는 번쩍거리는 검과 용맹을 자랑하는 군인이지만 사실 무척 세속적인 겁쟁이입니다. 막상 결투할 때가 되면 온갖 핑계를 대며 검을 뽑지 않아요. '아를레키노'는 광대입니다. 익살맞은 말재

아를레키노

도토레

판탈로네

카피타노

주로 다른 인물의 허세를 조롱하기도 하고, 민첩한 몸동작으로 관객의 혼을 빼놓아 가장 많이 사랑받는 캐릭터죠. 귀족, 높은 계급, 부유한 장사꾼 등 권력자를 풍자할 때는 '판탈로네'라는 캐릭터를 씁니다. '도토레'는 박사 캐릭터예요. 주로 학식을 과시하는 지식인을 표현합니다.

코메디아 델라르테에서 각 인물에 고정된 성격을 부여할 수 있는 이유는 이들의 성격이 동서고금을 막론하고 누구나 이해할 수 있는 전형적인 '몸짓'으로 드러나기 때문입니다.

예를 들어 성격이 급한 사람은 어딘가에 잘 부딪히고, 뭔가를 떨어뜨리는 등 행동에 실수가 많을 거라 예상할 수 있죠? 반대로 너무 느긋한 성격의 소유자는 행동도 나무늘보처럼 느릴 거예요. 약삭빠르고 욕심이 많은 성격은 어떤 얼굴, 어떤 몸짓을 주로 할까요? 돈 많고 엉큼한 캐릭터는 어떤 표정, 어떤 몸짓을 자주 보일까요? 대략 상상이 가죠?

어떤 캐릭터를 유형화한 것이 다른 지역에 옮겨 가서도 그 지역 사람들에게 납득되는 걸 보면 참 재밌어요. 어느 문화권이나 그러그러한 캐릭터들의 표정과 몸짓은 예외 없이 비슷하다니 말이에요.

"당신은 어떤 성격을 지녔나요?" 이 질문은 다른 말로, "당신은 어떤 행동을 하며 살아가고 있나요?"라고 바꿀 수 있을 거예요. 여러분의 성격을 이해하고 누군가와 소통하고 싶다면 우선 몸의 말을 잘 관찰해 보세요. 사람은 말이 아닌 눈빛이나 표정, 몸짓으로도 자신의 성격과 생각을 표현한답니다. 그러니 말 대신 행동을 세심하게 관찰하면 사람의 진심을 더 잘 이해할 수 있을 겁니다.

세상은 온통 사람들의 행동으로 가득 차 있는 듯해요. 각양각색 몸의 말로 살아가니까요. 그래서 이 세상은 무대랍니다. 영국의 대문호 셰익스피어가 〈뜻대로 하세요(As You Like It)〉라는 희극에 남긴 유명한 말이 있죠. "온 세상은 무대이고, 모든 여자와 남자는 배우일 뿐이다. 그들은 등장했다가 퇴장한다. 어떤 이는 일생 동안 7막에 걸쳐 여러 역을 연기한다." 이 말은 흔히 사람들 사이에서 "인생은 한 편의 연극이야"라고, 조금은 자조 섞인 목소리로 돌아다닙니다.

인생을 영화나 TV 드라마가 아니라 유독 연극이라고 말하는 이유가 뭘까요? 그건 연극이 몸 전체를 보여 주는 예술인 것과 관련이 있어요. 우리가 영화를 보거나 드라마를 보면 연출과 편집으로 배우의 얼굴이나 몸의 일부만 클로즈업되기도 하죠? 하지만 무대 위에 선 배우의 모습은 그렇게 부분만 따로 보이지 않아요. 몸 전체가 다 보이기 마련이죠. 그것이 인생과 같은 거랍니다. 온몸으로 살아가는 것이 인생이잖아요. 인생은 무대 위의 연극처럼 조금도 가릴 수가 없어요.

10미터 걷기

사람들 사이에서 자연스럽게 동작을 취하고 싶다면, 먼저 자신의 몸이 어떤 상태인지 관찰해 보는 게 좋습니다. 친구와 함께 '10미터 걷기' 놀이를 해 보세요. 서로 영상을 찍어 주고, 어떻게 걷는지 구체적으로 말해 주는 거죠. 사실 아무런 의식 없이 잘 걷다가도 누군가 보고 있다는 생각을 하면 괜히 어색해지게 되잖아요.

10미터는 스무 발자국 정도인데요. 걷는 동안 자신의 몸과 자세가 어떤지, 그리고 말을 하는 입의 모양과 표정이 어떤지 살펴보세요. 여러분 주위에 있는 사람들의 몸짓도 자세히 보세요. 어깨에 힘이 들어간 사람, 목이 뻣뻣한 사람, 걸음걸이가 단정한 사람, 휘적휘적 걷는 사람…. 이들의 성격과 몸짓이 어떤 관계가 있는지 들여다보면 재미있을 겁니다.

2

세탁기에서
달까지

푸르른 십 대를 살아오며 드라마틱한 사건을 겪어 본 적 있나요? 평범한 사람이 일상에서 그런 순간을 경험하는 일은 흔치 않죠. 하지만 '인생곡선'을 그려 본다면 자신의 삶 속에도 크고 작은 사건이 있다는 걸 발견할 수 있습니다.

그리는 방법은 간단합니다. 가로축에는 나이를, 세로축에는 긍정 단계(+)와 부정 단계(−)를 표시합니다. 수직선 시작 지점에는 0, 그다음 점은 5, 그다음은 10, 15, 이렇게 5년 단위로 점을 찍습니다. 어느 때이든 그 사이에 있었던 일을 떠올려 보고 긍정적이면 가로축 위에, 부정적이면 가로축 아래에 점을 찍습니다. 세로축은 10점 만점이나 100점 만점으로 정해서 긍정과 부정의 정도를 체크해 봅니다. 그리고 점들을 연결하는 선을 그려 인생의 사건을 이미지화합니다.

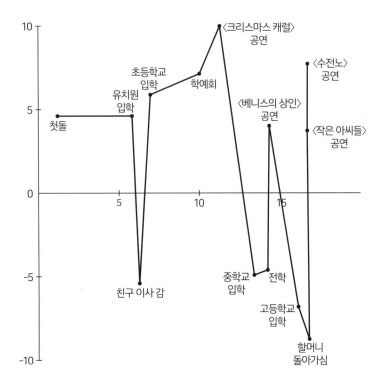

곡선의 기울기가 어떤가요? 대체로 중학교 입학, 가족 여행같이 어떤 계기가 되는 일을 중심으로 점이 찍히죠? 아마 여러분의 부모님께서 인생곡선을 그리신다면 그 곡선의 가장 중요한 점 중 하나는 여러분의 출생 시점에 찍힐 거예요. 이처럼 사랑하는 사람이 생기거나, 결혼을 하거나, 아기가 태어나거나, 누군가와 이별한 것을 사건이라 할 수 있습니다. 그리고 여기에 색다른 시선과 약간의 상상을 더하면 드라마틱한 사건이 되죠.

일상을 무대로
만드는 법

어머니를 잃은 한 사나이가 골목길에 들어섭니다. 그는 쓰레기장 앞에 멈춰 서서 버려진 드럼 세탁기를 바라봅니다. 세탁기 문은 열려 있는데, 문을 보자 어린 시절 세탁기가 고장 났을 때 어머니와 함께 빨래방에 갔던 생각이 납니다. 그 위에 오래된 우주 캡슐의 둥근 문이 겹쳐집니다. 세탁기와 우주가 이어지는 상상이 시작됩니다. 캐나다의 연출가 로베르 르파주Robert Lepage가 만든 〈달의 저편〉이라는 연극입니다.

〈달의 저편〉의 주인공 필립은 우주물리학자예요. 우주를 연구하다니 참 대단해 보이지만 실은 별다른 성과를 내지 못해 돈도 많이 벌지 못하고 그럭저럭 살아가는 인물입니다. 반면 그의 쌍둥이 동생 앙드레는 방송국 기상 캐스터로 아주 잘나가요. 수입도 크게 차이 나죠. 이 형제에게 공통점이 있다면 바로 우주를 쳐다본다는 겁니다. 둘 다 해와 달을 보는데 한 사람은 과학자, 한 사람은 방송인인 거죠.

그런데 이들은 무슨 일로 싸웠는지 서로 연락도 안 해요. 르파주는 이 형제간의 갈등을 미국과 소련(지금의 러시아)의 냉전과 연결합니다. 불을 뿜는 전쟁은 아니지만 우주 과학과 우주선 발사를 두고 치열하게 경쟁하며 으르렁거리던 상황과, 한집안의 형제가 터지기 일보 직전의 갈등 속에 처한 모습을 교차해 보여 줍니다. '필립과 앙드레는 무엇을 위해 싸우는 것일까?'라는 질문에서 시선을 확장해 세계가 두 편으로 나뉘어 싸웠던 이유를 물은 거예요.

극 중 필립은 무대 위에 설치된 세탁기 문을 열고 그 안을 들여다봅니다. 세탁기 속에는 또 하나의 무대 장치인 카메라가 설치되어 있어요. 배우의 얼굴과 상반신이 들어가는 순간 그 모습이 카메라를 통해 무대 위로 펼쳐져 관객에게 보이죠. 배우의 움직임은 우주인이 달의 표면에서 유영하듯 느릿느릿 걸어가는 모습을 떠올리게 합니다. 객석에 앉아 있던 관객의 몸은 무한한 상상력에 힘입어 달의 저편까지 끌어올려집니다.

세탁기는 생필품이고 빨래는 늘 하는 일이니 연극 무대에 세탁기가 등장하는 것을 대단한 사건이라고 말하기는 어렵습니다. 형제간의 크고 작은 다툼도 어느 집이나 있는 일입니다. 그런데 이런 일상이 냉전이라는 국제 상황과 연결되면서 세탁기는 우주, 세탁기 안에서 뱅글뱅글 돌아가는 빨래는 시간의 회오리가 됩니다. 르파주는 그 돌고 도는 세탁기를 타고 시간을 되돌려 필립과 앙드레의 어린 시절로 관객을 안내합니다. 관객은 예상치 못한 장면과 무

대의 흐름을 따라 그들의 기억 속으로 깊숙이 빠져들게 됩니다. 이렇듯 연극은 일상을 다른 각도로 비춰 의미 있는 사건으로 만듭니다. 기억 속의 사건을 지금 무대 위에 있는 배우의 몸을 통해 현재로 가져옵니다.

평범한 일을 드라마틱한 사건으로 만드는 이 능력을 따라잡을 방법이 있을까요? 무료하게 흘러가는 듯한 삶 속에는 많은 소재가 숨어 있어요. 다만 상상하기를 시도하지 않을 뿐이죠.

가만히 주위를 둘러보세요. 어떤 두 개의 항이 대립하고 있는 상황이 보인다면 일단 그걸 잡아내세요. 이를테면 '여행을 가야 한다'와 '가지 말아야 한다', 청소년의 ○○ '허용'과 '금지' 등등 대립항은 많아요. 이렇게 대립하는 두 항의 싸움을 '갈등'이라고 합니다. 그 갈등에서 여러 사건이 빚어지죠. 이 중 주인공의 목표와 목표 달성을 위해 뚫고 나가야 하는 문제 상황이 서로 맞서고, 여기 관련된 인물들이 갈등을 겪으며 변화하는 이야기가 담겨 있는 사건을 '드라마drama'라고 합니다. 이 드라마를 무대라는 일정한 공간 위에서 일정한 시간 동안, 해석과 예술적 장치를 통해 보여 주는 것이 연극인 거예요.

여러분의 일상도 드라마가 되어 무대에 오를 수 있어요. 주변에서 벌어지는 일들 속에 대립항이 있는지 찾아보세요. 거기에서 연상되는 것들을 상상의 끈으로 잇고, 세상에 던지고 싶었던 질문과 나란히 놓아 보세요. 내 안에서 일어나는 외침이 밖으로 나올 수 있도록.

드라마 찾기

사랑 이야기에서 대립항을 찾아볼까요? 사랑하게 된 두 젊은이가 있어요. 이들의 집안은 서로 원수예요. 주인공들은 거센 반대에 부딪히면서도 죽음을 무릅쓰고 사랑을 지키려 하죠. 다들 아시는 〈로미오와 줄리엣〉입니다. 표면적으로는 캐풀렛 가문과 몬터규 가문이 대립하는 듯하지만 실은 사랑과 원수, 개인과 가문이라는 더 강력한 대립항이 갈등하는 가운데 드라마가 이루어집니다.

〈햄릿〉의 대립항은 무엇일까요? 덴마크의 왕자 햄릿은 아버지가 갑자기 돌아가셨다는 소식을 듣고 독일 유학 중에 귀국합니다. 그런데 어머니 거트루드 왕비의 재혼 소식이 동시에 들려와요. 아버지의 동생, 클로디어스 삼촌이 어머니와 결혼해 왕위에 오른 것입니다. 여러 가지 증거를 확보하고 아버지가 삼촌에게 독살되었음을 확신하게 된 햄릿은 거실에서 어머니와 대화를 합니다. 그곳에는 아버지와 삼촌의 초상화가 함께 걸려 있습니다. 아버지의 초상화는 명예와 용기가 담긴 아름다움의 상징이고, 삼촌의 초상화는 탐욕과 거짓을 담은 추함의 상징으로 묘사됩니다. 햄릿은 갈등

합니다. "사느냐 죽느냐 그것이 문제로다." 유명한 대사이자, 〈햄릿〉에서 가장 중요한 대립항입니다. 아버지의 죽음을 기억하고 진실을 밝히려 한다면 육신의 죽음에 이르게 됩니다. 반면 불편한 진실을 덮고 삼촌을 인정한다면 살아도 사는 게 아닙니다. 햄릿은 삼촌의 권력이 지우려는 아버지의 죽음을 올바로 기억하려 합니다. 진실 쪽의 '사느냐'를 선택하고, 그래서 죽습니다. 인류는 햄릿이 했던 고민을 여전히 하고 있습니다. 지금도 세상 곳곳에서 〈햄릿〉을 무대에 올리며 올바른 기억의 가치를 말하고 있습니다. 어쩌면 여러분이 이 글을 읽는 순간에도요.

〈달의 저편〉에서는 어머니의 유품 정리를 둘러싼 형제간의 갈등이 대립항입니다. 앙드레는 될 수 있으면 빨리 물건들을 처분하고 마음을 추스르자는 생각이에요. 어린 시절의 추억에 젖어 있던 동생 필립은 그런 형이 냉혈한처럼 느껴져 제안을 거절합니다. 르파주는 이 갈등을 냉전이라는 전혀 다른 차원의 사건과 연결해 이념 간의 대립으로 끌고 나갔다가, 다시 소통과 공감의 부재라는 인류 보편의 의미로 풀어냅니다. 가족과 편안하게 대화하고 서로의 상황을 알아주는 것이 냉전처럼 풀기 어려운 문제가 되지 않았으면 좋겠다는 생각을 했을까요? 평화를 위협하는 대립과 경쟁의 역사를 잊지 말라고 이야기하는 것 같기도 합니다.

연극은 관객을 성찰로 이끕니다. 익숙한 가전제품에 불과했던 세탁기에서 세계가 두 패로 갈라져 싸우던 시대를 떠올리게 하고, 수많은 갈등을 겪는 본질적 이유를 묻고 답하게 합니다. 연극을 보는 관객 자신의 삶도 되돌아보게 하죠. 관객은 그냥 객석에 앉아 있는 것 같지만 사실 자신의 경험이라는 재료로 빚은 망원경을 들고 있으니까요. 이것이 연극이 우리와 대화하는 방식이랍니다.

3

되어 보는
일

아홉 살 때 자전거를 처음 타 봤습니다. 산들바람이 부는 날 자전거를 타면 기분이 참 좋았던 기억이 납니다. 그 후 아주 오랫동안 타지 않아서 다시는 탈 수 없을 거라 생각했어요. 그러다 어른이 되어 버린 어느 날, 귀여운 접이식 자전거를 선물 받았습니다. 너무 기뻤지만 겁이 났습니다. '잘 탈 수 있을까?' 자신 없이 자전거에 앉았죠. 이리저리 좌우로 흔들리며 중심 잡기도 힘든 순간, 의지와 상관없이 다리가 저절로 페달을 힘차게 밟았어요. 그러더니 자전거를 탄 몸이 스르륵 앞으로 나가더군요. 무척 신기했어요. 자전거나 수영처럼 몸으로 익힌 기능들은 머리가 아니라 몸이 기억한다지만 체험해 보니 정말 그랬어요.

지식에는 두 종류가 있다고 합니다. 머리로 배우는 명시적 지식은 암기를 해야 내 것으로 되지만, 몸으로 익히는 암묵적 지식은 습관을 들여야 내 것이 된다고 해요. 무엇이든 몸에 새긴 건 머리에만 가두지 않아서인지 생명력이 긴 듯합니다. 어떤 기억은 그 느낌까지 또렷하게 남죠. 내 삶의 뿌리가 된 기억, 저에게 그건 초등학교 6학년 때 친구들과 했던 연극입니다.

사실 몸으로 배우는 건 연극 말고도 많죠. 그런데 연극이 주는 체험에는 특별함이 있습니다. 연극을 하면 어떤 삶이 조각이 아니라 덩어리 전체로 들어옵니다. 몸과 마음이 동시에 울립니다. 이를테면 〈작은 아씨들〉의 '조'가 되어 연기를 할 때는 조가 하는 말을 내 목소리로 세상에 들려주게 됩니다. 조의 감정에 몰입해 눈물을 흘리지만 사실은 내가 울고 있는 것입니다. 심장도 조와 박자를 맞춰 같이 뛰는 것 같습니다. 어떤 역할을 매개로 나와 타인의 삶이 공존하는 거죠. 조가 된 것처럼 움직이니 조의 마음이 내 몸 안에서 나와 함께 울려 퍼지는 경험. 그것은 차원이 다른 공감입니다. 그리고 그녀에게 공감하는 깊이만큼 내 세계는 넓어집니다. 연극은 몸과 마음이 같이 움직여 다른 사람의 입장이 되어 보는 역지사지를 통해 공감을 체험하게 해 줍니다.

우리로 이끄는
세계

좀 이상할지 모르겠지만 서양 연극의 뿌리는 합창에서 찾을 수 있습니다. 고대 그리스인들은 해마다 봄이 되면 디오니소스 축제를 열었답니다. 이 축제 기간에 사람들은 합창대를 꾸려서 온 거리를 행진하며 하고 싶은 이야기를 노래로 부르곤 했습니다. 그 합창을 일컬어 '디튀람보스dithyrambos'라고 합니다. 합창대에는 맨 앞에서 이들을 이끄는 지휘자가 있었어요. 테스피스Thespis라는 지휘자는 노래를 하는 사이사이 합창대에게 휴식을 주려는 듯 대화를 주고받았다고 합니다. 그냥 수다를 떤 것이 아니라 합창의 내용에 맞게 형식을 갖춰 극적인 대화를 했대요. 합창에서 대화를 시도한 최초의 배우였다고 전해집니다.

대화의 길이가 점점 길어지고 배우의 수도 하나둘 늘어나자 합창대는 배우의 이야기를 듣고 반응할 수 있는 공간을 원했어요. 배우가 서서 말하는 곳은 무대가 되었고, 합창대원들이 노래와 춤으로 응답했던 장소는 오케스트라로 불렸습니다. 오케스트라라고 하면 관현악단의 연주가 떠오르지만 원래는 연극과 관련된 이름이랍니다.

연극이 합창에서 유래한 만큼 둘 사이에는 연관성이 있어요. 우선 합창은 혼자 할 수 없습니다. 연극도 혼자 할 수 없죠. 적어도 연극을 하는 사람과 보는 사람, 둘 이상이 있어야 성립되는 예술입니다. 연극은 애초에 나를 포함한 타인들, 즉 '공동체'를 전제로 시작된 예술이에요. 합창대의 공연 장소인 오케스트라의 위치는 이 점을 이해하는 데 도움을 줍니다. 그림을 보면 알 수 있어요. 합창대원들(또는 이들의 합창)을 코러스라고 하는데, 코러스는 관객과 배우 사이에 있으면서 이들의 대화를 이어 주는 역할을 합니다. 배우와 코러스도 시민이고 관객도 시민이니, 연극에서 시민은 주체인 동시에 객체가 됩니다. 내가 나를 보기 위해 연극을 무대에 올리고, 그렇게

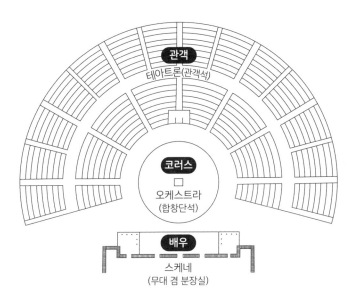

무대에서 공연하는 나를 내가 객석에서 바라보는 것과 같죠.

한편 최초의 배우가 합창대에서 나온 배경을 상상해 보면, 연극의 형식은 '대화'라는 생각이 들어요. 공동체 안에서 나온 배우가 뒤돌아 자신의 공동체에게 말을 걸고, 그 공동체가 자신의 분신인 배우의 이야기에 응답하는 모습이 그려집니다. 이렇게 최초의 연극에는 구경꾼이 따로 없었던 것 같아요. 모두가 주인공이죠. 민주주의가 꽃피던 시절이 그리스 연극의 전성기였던 건 우연이 아니랍니다.

그땐 무슨 이야기를 했을까요? 일종의 학급 회의 같은 거 아니었을까요? 어떤 문제가 우리 사이에 있을 때 대화를 하니까요. 고대 그리스 사람들은 공동체의 문제를 연극으로 이야기했다고 보면 쉬울 것 같아요. 예를 들어 공동체가 안고 있던 어떤 아픔을 연극 무대에 올리면, 공동체의 구성원은 자신의 아픔을 다시 바라보게 되죠. 그들의 희로애락을 그들 스스로 보고 듣도록 이끄는 통로가 연극이었던 거예요.

S의 경우

우리 사회가 안고 있는 여러 문제 중 쟁점이 되는 것들이 있습니다. 찬반이 팽팽히 맞서는 주제들입니다. 간척 사업을 예로 들어 볼게요. 바다를 육지로 만들면 땅은 넓어지겠지만, 바닷가에 사는 어민들이 겪어야 하는 피해와 희생이 있으니 찬성과 반대가 나뉘어 싸움이 생깁니다. 공항을 짓기 위해 산을 깎을 때도 입장이 갈리죠. 산과 주변의 생태계가 파괴되니 반대, 교통이 편리해지니 찬성. 이런 쟁점은 뉴스에 자주 등장하지만 중·고등학생에게는 직접적인 관심 밖의 문제입니다. 자발적으로 찾아보고 관심을 가지라고 말하기는 어렵습니다. 그런데 연극을 하게 되면 상황이 달라집니다.

모든 사회적 쟁점에는 찬반의 입장 차이에서 오는 갈등과 사건이 있기 마련이죠. 그러니 연극이 될 수 있습니다. 실제로 찬성이나 반대 역할을 맡아 사건 속의 인물이 '되어 본' 학생들은 그의 입장을 마치 자신이 겪는 일처럼 여기기 시작합니다. 예상치 못했던 관심이 솟구쳐 문제를 파헤치고 해결 방법을 탐구하며 열을 냅니다. '~인 것처럼'의 원리가 작동하는 겁니다. 연극을 하고 난 후에도 뉴스에서 들려오는 그 쟁점 관련 소식에 귀를 쫑긋 세우게 된다고 해요. 연극을 찬성 입장에서 했건 반대 입장에서 했건 상관없이 쟁점 자체가 내 일처럼 느껴진다는 거죠. 진정한 역지사지와 공감이 일어난 것입니다.

연극을 하지 않고 글자로만 토론했다면 문제를 다루는 마음이 매우 달랐을 겁니다. 연극은 머리로 깨닫는 데서 더 나아가 몸과 마음이 울리는 방향으로 초대하는 예술입니다. 몸소 표현하고, 자기 목소리로 말하고, 상황의 회오리 속에서 느낀 감정과 문제의 핵심을 살아 보게 합니다.

제대로 익히려면 체득하라고 하잖아요. 깊은 공감은 내가 나이면서 다른 사람의 역할을 하는 데서 얻을 수 있습니다. 우리는 어떤 배역을 연기하지만 동시에 우리 자신입니다. 이 점은 변함이 없습니다. 가상의 상황에 들어가 한 인물이 되어 연기를 하지만 사실은 나로서 그를 연기하죠. 그때 겪어서 생각하게 되는, 체득이 이루어집니다.

물론 모든 세상일을 연극으로 체득해야 하는 건 아닙니다. 그런데 '용기 내기'라면 어떨까요? 자신감 있게 결단을 내리고, 손을 번쩍 들어 이야기하고 싶은데 용기가 잘 나지 않는다면 연극으로 연습해 보기를 제안합니다. 연극은 아주 소심한 성격의 학생조차 용감한 영웅이 되도록 도와주니까요.

S라는 학생이 있었어요. 외모는 멋진데 목소리가 너무 작아 연기를 하는 데 어려움이 컸답니다. 그런데 그가 〈아우를 위하여〉라는 연극에서 이른바 '범생이' 역할을 맡게 되었습니다. 평소 공부만 하느라 책상에 코를 박고 있지만, 교실에서 폭력이 발생하고 가해자들이 한 학생을 때리려 하자 자리에서 벌떡 일어나 그들에게 큰 소리로 "야!! 하지 마!"라고 외쳐 분위기를 반전시키는 막중한 배역이었죠. 소심해도 본래 정의감이 무엇인지 알았던 S는 역할에 몰입

해 매번 큰 소리로 대사를 연습했어요. 속으로만 곱씹던 말을 범생이 역할의 성격과 힘에 기대어 시원하게 쏟아 냈습니다. 내면의 외침이 배역의 중계로 세상에 튀어나온 겁니다. 그랬더니 일단 목소리 크기부터 달라졌습니다. 나중에는 성격도 변해 가더군요. 우렁찬 목소리에 걸맞게 씩씩한 사람이 되어 갔어요.

체득을 통해 변한 사례는 이 밖에도 많아요. 발음이 안 좋아 불편을 겪던 학생들은 대사를 또박또박 말하다 보니 발음이 좋아져서 어느새 말하기에 자신감을 갖게 되었습니다. 몸가짐과 발성이 좋아지는 것은 기본이었고요. 무엇보다 역지사지의 경험 덕분에 다른 사람을 이해하는 마음과 공감의 폭이 훤하게 넓어진 게 가장 큰 변화인 것 같아요.

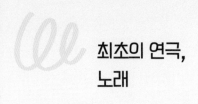

최초의 연극,
노래

그리스 연극의 꽃은 배우가 아니라 코러스입니다. 배우보다 합창
대가 먼저 있었으니 코러스가 더 중요하겠죠? 실제로 희곡을 보면
코러스가 매우 길어요. 글로 읽으면 무슨 말인지 어렵게 느껴지지
만 노래였다고 생각하면 아마도 그리스인들이 함께 즐길 수 있는
익숙한 장단과 가사가 아니었을까 합니다.

　우리가 아는 시를 바탕으로 코러스 만드는 과정을 살펴보면 조
금 더 이해하기 쉽습니다. 백석의 〈여승〉을 예로 들어 볼게요.

　　　여승(女僧)은 합장(合掌)하고 절을 했다
　　　가지취의 내음새가 났다
　　　쓸쓸한 낯이 옛날같이 늙었다

나는 불경(佛經)처럼 서러워졌다

평안도(平安道)의 어늬 산 깊은 금점판
나는 파리한 여인(女人)에게서 옥수수를 샀다
여인은 나어린 딸아이를 따리며 가을밤같이 차게 울었다

섶벌같이 나아간 지아비 기다려 십 년(十年)이 갔다
지아비는 돌아오지 않고
어린 딸은 도라지꽃이 좋아 돌무덤으로 갔다

산(山) 꿩도 설게 울은 슬픈 날이 있었다
산(山) 절의 마당귀에 여인의 머리오리가 눈물방울과 같이 떨
어진 날이 있었다

이 중 코러스로 사용할 구절을 고르거나 시를 읽고 연상되는 이
미지, 소리, 메시지를 코러스로 삼습니다. 다음으로는 에피소드를
만듭니다. 시의 내용과 소재를 활용해 짧은 장면 몇 가지를 구성합
니다. 배우들이 이야기를 주고받는 부분이죠. 공연을 할 때는 에피
소드 사이사이에 코러스를 넣습니다. 노래로 해도 되고, 어렵다면
소리의 크기나 길이를 조절해 낭송해도 됩니다. 동작과 춤을 넣어

도 좋아요.

[에피소드 1]

화자(시인)가 어둠 속에서 비구니와 만나 합장을 한다.

고개를 들다 놀란다.

코러스　　똑똑 나무아미타불 관세음보살

　　　　　엄마~ 엄마~

[에피소드 2]

아이　　엄마! 배고파요. 엄마! 추워요. 엄마! 집에 가요.

엄마　　아이참, 얘가 왜 이렇게 보채? 조금만 참아.

아이　　엄마! 배고파요. 엄마! 추워요. 엄마! 집에 가요.

손님　　아이고, 아주머니. 애가 보채네. 빨리 담아 주시고 가요.

엄마　　아이참, 얘가 왜 이래? 가만히 좀 있어. (등을 살짝 때린다.)

코러스　　똑똑 나무아미타불 관세음보살

　　　　　엄마~ 엄마~

[에피소드 3]

아이   엄마… 엄마….

엄마   아이고, 우리 아기 열이 이렇게 높아 어떡하지?

아이   엄마….

엄마는 소리 없이 동작으로 절규한다.

코러스   똑똑 나무아미타불 관세음보살

　　　　　엄마~ 엄마~

[에피소드 4]

여인 가만히 앉아 있다.

머리를 잘라 주는 사람이 여인의 뒤에서 가위질을 한다.

코러스   똑똑 나무아미타불 관세음보살….

　　　　　엄마~ 엄마~

[에피소드 5]

비구니   나무아미타불 관세음보살….

비구니가 무덤으로 보이는 곳의 주위를 돌며 기도한다.

화자(시인)가 합장을 한다.

코러스   똑똑 나무아미타불 관세음보살

          엄마~ 엄마~

[에필로그]

화자(시인)는 먼 산을 바라본다.

한쪽에는 비구니가 서 있다.

코러스   똑똑 나무아미타불 관세음보살

          엄마~ 엄마~

이렇게 놀이(play)를 하면 〈여승〉은 더 이상 종이 위에 인쇄되어 누워 있는 글자가 아니라 사람의 소리와 몸짓, 그리고 대사와 코러스로 살아납니다. 코러스는 노래 가사 전달보다 배우의 이야기에 응답하는 데 중점을 두는 행위임을 알게 됩니다.

노래와 음악이 주를 이루는 공연도 있어요. 오페라는 음악을 위해 연극이 필요한 예술이랍니다. 오페라 가수라는 직업은 있지만 오페라 배우라는 직업은 없는 이유죠. 다만 오페라는 음악이 매우

정교해 누구나 쉽게 감상하기 어렵습니다.

그래서 보다 대중적으로 제작된 무대 예술이 뮤지컬입니다. 흥미진진한 스토리와 배우들의 연기에 음악과 춤이 결합된 뮤지컬은 더 많은 사람에게 감동과 즐거움을 주고 있습니다. 극의 흐름은 연극과 달리 대부분 노래로 표현합니다. 짧은 대사도 노래로 하고, 주인공의 심정을 독백 대신 넘버(솔로 곡)로 부릅니다. 유명한 뮤지컬 넘버들은 별도의 음원으로 나와 있어 꾸준한 사랑을 받고 있죠. 한 번쯤 들어 보신 적 있을 거예요. 이를테면 〈지킬 앤 하이드〉의 '지금 이 순간'이나 〈빨래〉의 '참 예뻐요' 등은 청소년들도 많이 알고 부르더라고요.

4

빈 의자

엉킨 마음을
푸는 시간

친한 친구는 편안한 집과 같죠. 그런데 그 친구와 싸우게 된다면 일상이 엉망진창, 한 마디로 지옥같이 변합니다. 누구든 겪는 일일 거예요. 사람들 속에서 관계를 맺고 살아가는 일은 종종 외롭고 무척 힘이 듭니다. 이럴 때 연극적 상상에 의지해 보는 건 어떨까요? 여러 가지 방법이 있지만 그중 하나로 '빈 의자 기법'을 소개합니다.

앞에 빈 의자가 하나 놓여 있다고 생각해 보세요.

의자가 비어 있다는 건 누군가 앉기를 기대하는, 혹은 앉기를 허용하는 의미죠. 빈 의자에는 누구나 앉을 수 있습니다. 그리고 누구나 앉게 할 수 있습니다.

이제 빈 의자에 누군가 앉아 있다고 가정합니다. 이 가상의 누군가와 마주 앉아 대화를 나눠 봅니다. 오직 상상의 힘으로 이야기를 하는 겁니다. 이 경험만으로도 엉킨 마음속 실타래가 풀리고 조금은 편안해지는 기분을 느낄 수 있습니다.

말 걸기

중학교 1학년 담임을 하던 시절, 학생들은 쉬는 시간만 되면 교무실 문턱이 닳도록 찾아오곤 했어요. 특히 첫 학기에 자주 드나들죠. 그도 그럴 것이 중1들은 갑자기 바뀐 교실 문화에 당황하게 마련입니다. 초등학교 교실에는 담임 선생님이 늘 함께 계시잖아요? 그런데 중학생이 되니 교실에 학생들만 있는 거예요. 어른 없는 그 공간에서 다양한 문제가 발생합니다. 짓궂은 장난, 편 가르기, 왕따 문제 등 늘 시끌벅적해요. 서로 싸우다 씩씩거리며 상대의 잘못을 선생님께 이르러 달려옵니다. 한두 달 묵힌 후 마음에 상처를 입었다고 찾아오기도 합니다. 상기된 얼굴로 교무실에 들어오던 학생들의 모습이 지금도 아른아른 떠오르네요. 그럴 때 선생님은 우선 찾아온 학생의 마음이 후련하게 풀릴 때까지 이야기를 들어 줘야겠죠. 친구나 다른 선생님, 혹은 부모님과의 관계 문제라면 '빈 의자'가 필요한 순간입니다.

2018년 어느 날 H가 찾아왔어요. 저는 H의 이야기를 다 들은 후 빈 의자를 하나 마련했습니다. H 앞에 빈 의자를 놓고, 상대방이 앉아 있다고 생각한 뒤 그에게 하고 싶은 이야기를 먼저 해 보라고 했습니다. 상대가 진짜 앞에 있다면 흥분이 되거나 떨려서 조리 있게 말하지 못할 수도 있겠지만, 의자가 비어 있으니 H는 속마음을 털어놓기 시작했어요. "너랑 ○○이가 카톡에서 내 뒷담 하는 거 알고 너무 화가 났어. 원래 나랑 친했잖아?!"

그런 다음 빈 의자에 H가 앉아 있다고 가정하고, H는 상대방의 역할을 맡게 했습니다. H는 상대가 되어 자신에게 말했어요. 처음엔 약간 머뭇거렸지만 상대의 입장이 되어서도 마음속 이야기를 쏟아 냈죠. 빈 의자에 앉아 있는 자신에게 어떠어떠한 이유로 섭섭했다고 하면서요. "H야 미안해. 하지만 네가 나보다 먼저 ○○이한테 수행 같이 하자고 하고…."

빈 의자를 사이에 두고 자신과 상대의 역할로 소통할 수 있는 이유는 우리에게 상상력이 있기 때문입니다. 역할을 입고 연기를 할 수 있는 것 역시 '마치 ~인 것처럼', '~라면 이렇게 말하고 행동할 것'이라는 상상에 의해 가능합니다. 또 다른 이유는 연극의 현재성입니다. 빈 의자 기법은 과거의 일을 지금, 그리고 여기로 데려옵니다. '지금'은 시간, '여기'는 공간을 의미합니다. 연극의 시간과 공간은 언제나 현재예요. 연극이 지니는 예술적 특성이자 다른 예술과 구별되는 가장 중요한 특성이죠.

나를 괴롭히고 있는 문제가 옛날의 어떤 사건에서 비롯되었다 해도, 이 문제는 현재의 나에게 고통을 주기 때문에 지금, 여기에서 일어나고 있는 일입니다. 그러므로 이 일을 해결하는 것은 현재의 나를 치유하고 성장시킵니다. 빈 의자 위에 누군가를 앉혀 나누는 대화는 상상이지만 그 행위가 일어나는 시간과 공간은 현재이기에 지금 내 삶을 바꿉니다.

상상이 주는
평화

빈 의자 기법을 천천히 따라 해 볼까요? 혼자 해도 좋고, 의지할 수 있는 누군가와 함께해도 괜찮아요. 의자 대신 인형을 두고 해도 좋습니다.

❶ 의자를 두 개 준비합니다.

한 의자에 자신이 앉고, 앞에 빈 의자를 둡니다.

❷ 지금 여기 앉아 있는 내가 느끼는 분노 혹은 불편한 마음이 있나요?

있다면 소리 내어 말하거나, 종이에 써 보세요. 지금 느끼는 분노가 없다면 최근에 느꼈던 분노를 떠올려 보세요.

❸ 그 분노와 관련된 사람, 혹은 불편한 마음이 있지만 대화를 나누지

못한 사람이 있나요?

있다면 그중 한 명을 빈 의자에 앉히세요. 의자에 그 사람이 앉아 있다고 생각하는 것입니다. 그 사람이 앞에 있다고 상상하고 집중하세요.

❹ 자, 말을 건넬 준비가 되었나요?

이제 상대에게 자신의 마음을 말하기 시작하세요. 의자에서 일어나 말해도 됩니다. 눈물이 나오면 눈물을 흘리고, 소리치고 싶으면 그렇게 하셔도 괜찮아요. 시간을 두고, 충분히 만족할 때까지 이야기해 보세요.

❺ 어느 정도 이야기를 하셨나요?

빈 의자를 앞에 두고 말했던 그 과거에서 해결되지 않은 과제를 발견하셨나요? 자신이 그토록 해결하고 싶었던 미해결 과제는 무엇입니까? 종이에 한번 적어 보세요.

❻ 이번에는 자신을 빈 의자에 앉힙니다. 자신은 상대방이 될 거예요.

앞서 자신이 한 말을 다 들은 상대가 되어, 그 말들을 듣고 난 후 느낀 감정대로 빈 의자에 앉은 자신에게 말을 합니다. 내가 가상으로 앉아 있고 나는 상대가 되어 말하는 것입니다. 내가 아니고 상대의 역할이기에 내가 듣기 싫은 말이 나올 수도 있어요. 그래도 그냥 마음속에서 일어나는 대로 말하시면 됩니다.

7 마무리를 지어 볼게요.

다시 빈 의자에 상대를 앉힙니다. 앞서 상대가 나에게 한 말을 들은 후 지금 나에게 일어나는 생각을 빈 의자의 상대에게 말해 줍니다.

감정이 해소된 느낌이 들 때까지 여러 번 반복해도 좋습니다. 내 마음이 처음보다 편안해지고, 충분하다 싶으면 마지막으로 상대에게 소감을 말해 주면서 마무리합니다.

8 자신을 성찰하는 시간을 가져 보겠습니다.

잠시 눈을 감고 빈 의자 기법으로 대화를 나눈 후 자신이 느낀 것을 알아차려 보세요.

9 빈 의자 기법을 통해 얻은 가장 핵심적인 단어나 문장을 하나 떠올려 보세요.

그 단어나 문장을 기록해도 좋고, 입으로 소리 내어 말해도 좋습니다. 가능하면 호흡이 안정되도록 숨을 깊이 들이마시고 천천히, 시원하게 느껴지도록 내쉬어 보세요. 기분이 달라지셨나요?

다음은 빈 의자 기법을 해 본 친구들의 이야기입니다.

머릿속이 복잡했어요. 숨이 막혀서 누군가와 이야기를 나누고 싶었지만 혼자였죠. 빈 의자는 좀 어색해서 곰 인형을 앞에 두고 이야기를 했어요. 곰 인형은 엄마가 되어 제 앞에 있었고, 저는 진짜 엄마라 생각하고 말을 했어요. 내 말을 믿어주지 않는 엄마. 스스로 공부하겠다는 약속을 지키지 않는다고 뭐라고 하던 엄마에게 약속을 지키지 못해 속상한 건 나라고 울면서 말했어요. 다시 곰 인형은 제가 되었죠. 저는 엄마가 되어 곰 인형에게 말했어요. "너한테 야단칠 때 심하게 말해서 미안해. 언제부터인가 네가 엄마를 밀쳐 내고, 그날은 너무 화를 내니까 엄마도 참지 못하고 소리 질렀어. 너를 사랑해!" 엄마가 되어 말하는 동안 저는 제 마음이 엄마를 그리워하고 있다는 것, 엄마를 밀어내서 미안해하고 있다는 것을 알게 되었어요. _중학교 2학년 L

공부해도 성적이 안 오르고 교실 안에서 나는 들러리에 불과하다는 생각을 했어요. 선생님도 싫었고, 부모님도 싫었어요. 더 싫은 건 단짝이던 ▽▽이에요. 고등학교에 올라온 뒤 다른 애들과 더 친하게 지내는 것 같고, 어쩐지 내 성적이 떨어지고 찌질해 보여서 나를 멀리하는 게 아닐까 하는 생각이 들었어요. 하지만 ▽▽이랑 멀어지는 건 원하지 않아요. 그래서 빈 의자 앞에 섰어요.

빈 의자에 앉아 있는 ▽▽이에게 내 성적이 떨어지고 나서 나를 멀리하고 있지 않냐고 물었어요. 그런 다음 빈 의자에 내가 있다 생각하고 나는 ▽▽이가 되어 말했어요. "요즘 하는 말마다 자꾸 톡톡 쏘면서 신경질만 내니까 너랑 말하는 게 힘들어. 너는 나랑 유치원 때부터 친구고 아무리 힘들어도 나한테 비밀이 없었잖아. 고등학교 와서 달라진 게 뭐가 있어? 성적은 오를 때도 있고, 내려갈 때도 있어. 열심히 하다 보면 성적이 오를 거야. 나는 여전히 네 친구니까 말을 좀 더 부드럽게 하면 어떨까? 나도 솔직하게 말할 테니 우리 다시 잘 지내 볼래?"

문제는 친구의 태도가 아니라 내 말투였다는 걸 알았어요. 괜히 친구를 오해하고 있었던 것 같아요. 솔직히 스스로 성적 비관하면서 친구한테 신경질 낸 건 맞으니까. _고등학교 1학년 P

빈 의자만 하나 있을 뿐인데, 내 앞에 상대가 있는 것처럼 대화할 수 있다니 참 신기하죠? 사람의 상상이란 그 한계를 알 수 없을 만큼 대단한 것 같습니다.

빈 의자 기법은 연극적 상상으로 마음의 평화를 얻는 길이라 생각합니다. 속에 엉킨 말이 몸을 통해 소리로 나오면서 소통이 시작되죠. 혼자서 내는 말소리니까 조금 정제되지 않았더라도 안전합니다. 여러분도 한번 해 보세요. 관계에서 빚어진 갈등과 고통을 스스로 풀어내는 뿌듯함을 얻을 수 있을 겁니다.

5

연기

가면이
필요하세요?

배우의 연기는 연극의 완성도에 결정적인 영향을 줍니다. 드라마, 영화, 뮤지컬 모두 마찬가지죠. 멋진 연기는 그 빛이 찬란해서 별과 같고, 그래서 멋진 배우를 스타라고 하잖아요. 배우라면 누구나 연기를 잘하고 싶을 거예요.

배우들에게 물어보니 무대에서 자아를 버리지 못할 때 연기가 잘 안된다고 합니다. 삶과 연기는 분리될 수 없지만, 때론 자기 삶을 잠시 잊고 다른 인물을 연기해야 하는데 자아가 너무 크게 의식되어 맡은 역할에 몰입하기 어려울 때가 있다는 거예요. 자신과 성격도 특징도 다른데 그 사람처럼 행동하고 말해야 하니 얼마나 어렵겠어요. 욕 한 번 안 해 본 사람이 극악무도한 조폭 역할을 맡았다고 생각해 보세요. 이런 사례는 너무도 많겠죠? 악역은 어느 작품에나 있기 마련인데 배우가 그 역할처럼 악한 성격의 소유자는 아닐 테니까요.

　그래서인지 연기를 잘하는 배우 중에는 자기를 드러내지 않는 사람이 많답니다. 평소 매우 말이 없고 수줍어하며, 사교적인 대인 관계를 잘 못하기도 한다네요. 언뜻 보기엔 끼가 넘쳐 나는 사람인 듯한데 아닐 수도 있는 거죠. 어쩌면 일상에서 약간의 연기가 필요한 사람이 배우가 되는 게 아닐까요? 자신을 표현하고 싶은데 진짜 자아가 섬세하고 예민해서 가면을 써야 하는 사람 말이에요. 그는 일상보다 무대 위, 그러니까 허구적 상황에서 배우로서 두툼한 껍데기를 쓰고 자아를 보호한 채 연기하는 것이 더 편할지도 모릅니다. 설정된 자기를 연습해 표현하는 게 차라리 쉬운 겁니다.

　표현력이 좋고 활발해서 연기를 잘할 것 같은 사람들이 의외로 무대 위에 서면 잘 못하는 경우가 많습니다. 그들은 일상생활에서 연기가 필요 없으니까요. 자기를 드러내고 사는 데 별 불편이 없는 사람들이죠. 그러니 굳이 가면을 쓰지 않아도 됩니다. 물론 상황에 따라서 다르겠지만 자신의 본래 모습을 잘 갈무리해서 관계를 이어 가는 데 큰 무리가 없을 거예요. 이런 사람들이 연기를 잘하려면 우선 놀이와 즉흥을 많이 해 봐야 합니다. 연극은 배우의 몸에서 비롯되므로 몸과 마음의 구속에서 벗어나 놀 수 있도록 자기를 깨는 훈련을 하면 좋습니다.

변신의
의미

연기 중인 배우는 두 인격을 동시에 지닙니다. 배우이기 이전에 어떤 개성을 지닌 사람이면서, 배역을 맡아 다른 역할을 하는 사람으로 살아야 하니까요. 그 사람이 되어 산다는 건 그 사람처럼 행동해야 한다는 걸 뜻하죠. 무대 위의 인물은 배우의 행동에 의해 생겨나고 존재합니다. 연극이라는 허구의 무대는 실재하는 배우에 의해 생명을 얻습니다. 그리고 배우는 무대에서 자신의 변신을 목도하게 됩니다.

철학자 니체는 《비극의 탄생》에서 이렇게 말했습니다. '가장 기본이 되는 극 현상은 자기 앞에서 자신이 변신하는 모습을 보는 것, 그래서 자신이 실제로 다른 육체와 성격을 지니고 사는 듯이 행동하는 것'이다. 연기를 할 때는 다른 사람의 역할을 입고 있으면서도 나 자신이 내 안에 있으므로, 다른 사람이 되어 움직이고 말하는 자신을 보고 느낄 수 있다는 의미입니다. 그러니 내 목소리에 귀를 기울이고 싶다면 우선 누군가를 연기해 보는 건 어떨까요?

연기는 나를 알아보는 방법 중 하나입니다. 앞서 소개했던 학생 S를 기억하세요? 작은 목소리로 우물쭈물 말하던 S는 연극에 출연해 씩씩한 캐릭터로 변신한 후 멋진 배우가 되었답니다. 지금도 커다란 목소리와 몸짓으로 연기를 하고 있죠. 무대 밖으로 나오면 여전히 조용한 목소리로 이야기하지만, 세상과 만나는 S의 태도는 전보다 훨씬 당당합니다. 막이 오르면 어떤 역할을 맡아 연기를 하다가도 연극이 끝나면 다시 자신으로 돌아오죠? 그러나 원래 그 자리로 되돌아오는 건 아니에요. 무대 위의 변신에 의해 실제 삶에도 변화가 일어납니다.

허락 받은
변신

평소 마음속 이야기를 꺼내기 어렵다면 어떤 역할을 입어 보세요. 나 아닌 다른 사람이 되어 웃고 울며 해방감을 느낄 수 있습니다. 연기는 우리에게 감정을 표현할 기회를 준답니다.

감정을 드러내는 방식은 한 사회의 문화와 관계가 있습니다. 공감하는 방식도 문화마다 다르죠. 요즘은 많이 바뀌고 있지만, 우리 사회에는 아무리 어려워도 감정을 속으로 삭이거나 이겨 내는 사람을 더 높게 평가하는 경향이 있습니다. 만약 연기가 공식적으로 허용되는 자리가 있다면 사람들은 마음 편히 감정을 표현할 수 있을 거예요. 그런 공식 행사가 축제나 제의입니다. 알맞은 의상을 갖춰 입거나 가면을 쓰면 모두가 다른 사람인 척 연기를 하게 되니까

요. 일상에서 감정을 숨겨야 하는 사회일수록 이런 변신이 허락되는 시간과 공간이 필요하지 않을까요?

영국 언론에 '쏟아지는 슬픔'이라는 표현으로 보도된 연구 모임이 있습니다. 말리도마 소메Malidoma Somé라는 사람이 열었던 '제의, 치유와 사회'라는 연극 워크숍 이야기인데요. 참여한 사람들이 '슬픔을 표현'하면서 커다란 치유의 경험을 얻었다고 해서 화제였습니다. 소메는 문화적으로 표현되지 않은 슬픔이 몇 대에 걸쳐 강력하게 자리 잡은 사회의 사람들은 개인뿐 아니라 사회적으로도 그 슬픔을 쏟아 내야 한다고 했답니다. 영국은 점잖고 예의 바를 것, 자존심을 지킬 것, 과묵할 것 등의 행동 규율을 강조하는 젠틀맨의 나라죠. 영국에서 연극이 발달한 이유는 감정 표현을 꺼리는 문화와 관계가 있다는 생각이 듭니다.

감정이나 정서는 어떤 식으로든 분출되길 원하고 있습니다. 특히 슬픔은 표현하지 않으면 응축된 분노의 형태로 언제고 터질 준비를 한 채 숨어 있게 됩니다. 말리도마 소메는 몸이 음식을 필요로 하는 것처럼 마음도 건강한 균형을 유지하기 위해 슬픔을 필요로 한다고 해요. 피하거나 묻어 두고만 있을 감정이 아니라는 거죠. 사회적으로 슬픔을 충분히 느끼고 적절히 표현하는 방식을 아는 것은 중요합니다. 온 사회가 충격에 휩싸일 만큼 큰 참사로 인한 슬픔은 개인이 혼자 감당하기 어렵잖아요. 그래서 도심에 분향소를 마련해 다른 사람들과 같이 슬퍼하고 추모 리본을 달고 다니며 애도를 하는 것입니다.

한 공동체가 함께 겪어야 했던 역사적 슬픔은 세대가 바뀌어도 후손들의 무의식에 자리해 있다고 합니다. 애도로 풀어내야 하는 까닭이죠. 저는 간혹 교실에서 우리 역사 속 사건의 인물이 되어 보는 연극을 했는데요. 4·19 혁명 때의 상황을 즉흥극으로 한 적이 있습니다. '한 학생이 책상 서랍에 편지를 두고 사라졌는데, 편지의 내용을 보니 정의를 위해 시위에 참여하러 간다'는 설정이었어요. 제가 편지를 대신 읽었고, 그것을 시작으로 학생들은 당시의 상황으로 들어갔습니다. 마산 앞바다에서 김주열 학생의 시신이 발견되었다는 소식을 듣고 돌아오지 않는 반 친구의 안부를 걱정하며 자신들도 머리에 띠를 두르고 시위에 나가자고 의기투합하는 식이었죠. 준비 없이 나가면 안 된다며 진지한 대화를 나누기도 했고, 염려하실 부모님의 마음을 헤아리기도 했습니다. 일제 강점기의 독립군 역할로 즉흥극을 할 때는 독립군 동지의 죽음을 슬퍼하며 절규하는 학생의 연기에 모두의 눈시울이 뜨거워졌던 기억이 납니다. 공식적으로 슬퍼하고, 분노하고, 그것을 연기하면서 개인과 사회의 슬픔이 깊이 연결되어 있음을 알게 된 거예요.

6

대본

나에게서
너에게로

보통 대본을 받으면 자신의 대사를 먼저 봅니다. 그 대사를 어떻게 잘 연기할 수 있을까를 고심하죠. 하지만 좋은 연기를 하려면 다른 사람의 대사를 잘 들어야 합니다. 나와 대화를 나누는 상대의 대사 속에 내 대사의 답이 들어 있으니까요. '너에게 나의 근거가 있다'는 말입니다.

끝말잇기

물짱구 (초조한 모습으로) 야, 석환아, 너 사회 숙제 다 했어?

석환 지금 하고 있잖아?

물짱구 이거 수행평가 30점이라면서?

석환 30점이다, 40점이다, 그게 중요한 게 아니야. 단 3점짜

리라도 최선을 다해야 해. 칸트는 결과를 바라지 않고 의무를
이행하는 것이 도덕이라고 했어. 그러니까 우리는 이걸 점수
를 받기 위해서가 아니라 의무이기 때문에 해야 한다고.

은숙　꽁치야, 석환이 쟤 정말 재수 없지 않냐? 전교 1등이라
고 빼기고 있어.

꽁치　나한테 아무 짓도 안 하니까 패스. 난 전교 등수 뒤에서
세는 게 더 빠르니까 또 패스.

은숙　역시 꽁치야. 대박 터프해.

　이 대본은 중학생들과 함께 연극한 〈아우를 위하여〉의 일부입니
다. 〈아우를 위하여〉는 황석영의 동명 단편소설에서 제목과 힌트를
얻어 제작했습니다. 어른이 된 형이 왕따 문제로 학교에 가기 싫어
하는 동생에게 자신이 학창 시절 겪었던 일을 전하며 비슷한 어려
움을 어떻게 극복했는지 알려 주는 줄거리입니다. 형은 용기란 우
정의 다른 이름임을 깨달은 순간을 이야기합니다. 소심한 학생이
던 자신이 용기를 내게 된 바탕에는 우정을 지키고 싶은 마음이 있
었다는 겁니다. 그러니 학교에 가서 친구들과 함께 부딪혀 보라고
말해요.

　연극은 한 중학교 교실에서 시작합니다. 등장인물들은 각각 어
떻게 연기해야 할까요? 기본적으로 몸짓, 발음, 발성 등을 연습해야

겠지만 어떤 작품 속의 역할을 맡아 연기를 하려면 무엇보다 자신의 대사가 아니라 상대의 대사를 들을 줄 알아야 합니다.

실제로 우리가 누구와 대화를 나누는 상황을 생각해 보면 알 수 있어요. 대화를 할 때는 다른 사람의 말을 듣고 그것에 내가 반응하잖아요? 그런데 연극을 처음 하는 사람들은 맡은 배역을 소화하려고 본인이 할 대사만 열심히 읽고 외웁니다. 그래서 상대역의 대사를 잘 듣지 않고, 부자연스럽게 연기하곤 하죠. 내 대사를 잘하려면 상대의 호흡과 정서를 읽어야 해요. 누구나 연습하면 가능하니 차근차근 해 봅시다. 석환 역의 배우를 중심에 놓아 보죠.

우선 석환의 첫 대사는 "지금 하고 있잖아?"입니다. 그런데 그 전에 물짱구가 묻죠. "야, 석환아, 너 사회 숙제 다 했어?"

석환 역을 맡은 배우는 먼저 물짱구의 대사 끝부분을 되풀이해서 말하고, 이어서 자신의 대사를 말해 봅니다. "숙제 다 했냐고? 지금 하고 있잖아?"

이어 물짱구 역의 배우도 석환의 대사 끝을 반복해서 말한 뒤 자기 대사를 말하는 겁니다. "지금 하고 있다고? 이거 수행평가 30점이라면서?"

그다음 다시 석환이 말하는 거죠. "수행평가 30점이라구? 30점이다, 40점이다…."

바로 앞에서 말한 상대역의 대사를 반복하며 자신의 대사를 하

면 상대의 호흡과 정서를 안고 연기할 수 있어서 실감 나는 연습이 됩니다. 물론 공연에서는 그렇게 하면 안 되겠지만 상대의 대사를 듣고 내 대사를 말하는 데 익숙해지죠. 상대의 대사를 잘 듣는 것, 그 대사의 일부를 반복하는 것은 상대방의 마음을 잘 이해하고 내 마음을 대사에 담아 전하기 위한 방법입니다.

소통의 원리

이 방법은 소통에 도움을 주기도 합니다. 소통이 잘 안되는 사람들은 남의 말을 새겨듣는 것 같지만 겉으로만 그렇게 보일 뿐 자기 말만 늘어놓는 경우가 많습니다. 혹시라도 요새 소통이 잘 안되어 답답하다면 이 같은 배우 훈련법을 따라 해 보세요. 단, 적절하게요. 지나쳐서 앵무새가 되면 곤란하니까요.

연극은 본래 공동체를 전제로 생겨난 예술이죠. 기본적으로 대사를 주고받으며 소통합니다. 몸짓만으로 대화하기도 하고요. 무대 위의 배우는 자기 이야기만 쏟아 낼 수 없습니다. 상대가 하는 대사와 몸짓을 들어야 자신의 말과 행동이 나가야 할 방향을 알 수 있습니다. 내 대사의 근거가 너에게 있다는 말은 대화의 기본이 듣기라는 뜻입니다. 그런 점에서 연극은 공동체 안에서 살아가는 사람들에게 나 자신과 더불어 너의 존재가 얼마나 중요한지 깨닫게 합니다. 나에게서 너에게로, 다시 너에게서 나에게로 이어지는 상호 작용을 경험하게 해요.

극장을 떠올려 보세요. 배우는 무대 위의 그를 바라보고 있는 관객의 관객입니다. 관객은 배우가 건네는 대화를 받쳐 주는 말 없는 오케스트라이자 배우가 그 부피를 느끼고 전율하는 공간입니다. 관객이 없다면 배우는 받침대를 잃어버린 그림이죠. 관객과 배우는 서로 인사를 하지 않아도 서로 알고 있습니다.

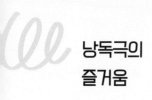

낭독극의
즐거움

친구들과 역할을 정해 대본을 읽어 보세요. 바로 앞 역할의 대사 끝 부분을 반복하며 자신의 대사를 말하는 방식으로 연습해서 각자 맡은 대사의 감정을 살려 봅니다.

교과서에 실린 희곡을 읽어도 좋을 것 같고요. 한국 근대 단편소설이나 시, 동화책을 각색해서 길지 않은 희곡을 만들어도 좋아요. 책으로 나와 있는 대본집을 봐도 됩니다. 제가 쓴 책,《학교에서 연극하자》에 실린 희곡들을 추천하고 싶어요. 중학생들과 함께 만든 공연의 대본이니 아마 흥미롭게 읽을 수 있을 거예요.

연습 후 연극을 해 보면 더 좋겠죠. 낭독극은 어때요? 목소리와 아주 약간의 동작만을 보여 주는 연극이랍니다. 낭독극을 하면서 놀 수 있는 방법을 알려드릴게요.

❶ 낭독극을 하고 싶은 사람들이 모인다.

❷ 연출을 맡은 사람이 주도해서 희곡을 고르거나 동화나 소설을 각색해 준비한다.

❸ 배역의 수만큼 대본을 복사해서 묶는다.

❹ 배역을 정한다. 희망하는 사람을 우선으로 정해도 좋고, 오디션 형식으로 어울리는 목소리를 지닌 사람에게 배역을 맡겨도 좋다.

❺ 연출자, 기획 담당, 음향 담당, 조명 담당, 무대 담당 등을 중심으로 스태프 회의를 해서 낭독극 공연에 필요한 여러 사항을 의논한다.

❻ 스태프와 배우가 모여 낭독극을 연습한다.

❼ 공연에 필요한 물건을 준비한다. 역할 보면대(보면대 앞에 역할을 적은 종이를 부착한 것), 음향 기기, 조명 기기(휴대용 랜턴, 일반 스탠드) 등.

❽ 총연습을 한다. 배우들의 낭독과 음악, 조명 등이 공연의 흐름에 따라 조화를 이룰 수 있도록 연습한다. 연습은 많이 할수록 좋다. 팀원들끼리 놀기 위해서라면 그 자리에서 읽는 느낌으로 낭독할 수 있지만, 만약 몇 명이라도 관객을 모시고 공연을 한다면 대사를 거의 외우는 수준으로 철저히 연습하는 것이 기본 예의다.

❾ 공연한다.

낭독극 대본은 아래와 같이 만들 수 있습니다. 그림동화《100만 번 산 고양이》를 각색한 내용 일부를 소개합니다.

때: 언제나

장소: 어디서나

등장인물: 고양이, 임금님, 신하, 적군 장수, 뱃사공, 그 외

내레이터 100만 년이나 죽지 않은 고양이가 있었습니다. 100만 번이나 죽고 100만 번이나 살았던 것이죠. 정말 멋진 고양이였습니다. 100만 명의 사람이 그 고양이를 귀여워했고, 100만 명의 사람이 그 고양이가 죽었을 때 울었습니다.

고양이는 단 한 번도 울지 않았습니다.

한때 고양이는 임금님의 고양이였습니다.

임금님 여봐라~ 고양이는 어디 있느냐?

고양이 (천막 뒤에서) 임금님은 전쟁을 너무 좋아해서 문제야. 나는 평화로운 성에서 게으름 피우고 싶은데, 매일 눈을 뜨면 전쟁터로 가고 있어야 하다니. 멋진 바구니가 다 무슨 소용이람.

신하 고양이가 여기 있군. 가자! 임금님께서 너를 예뻐하시니 전쟁의 승리를 위해 임금님 곁에서 위로와 용기를 드리려무나!

고양이 그르릉~

신하　폐하! 고양이를 데려왔습니다.

임금님　오! 이리 온! 이제 곧 출정이다. 내 곁에 바싹 붙어 있거라.

내레이터　임금님은 말을 달렸습니다. 고양이는 금빛 바구니에 담겨 임금님의 말과 함께 전쟁터로 나갔습니다.

적군 장수　저 반짝이는 금빛이 왕의 말이다. 모두 저 빛을 정조준해서 화살을 쏴라!!

내레이터　적군들은 금빛 바구니를 향해 일제히 화살을 날렸습니다. 그런데 아뿔싸, 화살 중 하나가 고양이가 담긴 금빛 바구니에 명중했습니다. 고양이는 가슴 한가운데가 뜨거워지는 것을 느끼며 숨을 거두고 말았습니다.

임금님과 군사들은 그 사실도 모르고 전쟁터에서 열심히 싸웠습니다. 그러다 임금님이 축 늘어진 고양이를 발견하고 깜짝 놀라 전쟁을 멈추라고 명령했습니다. 해가 저물기도 했지만 고양이의 죽음이 너무 슬퍼 더 이상 전쟁을 이어 가기 힘들었습니다.

임금님 　전쟁에서 이긴대도 기쁨을 느낄 수 없겠구나.

내레이터 　한때 고양이는 뱃사공의 고양이였습니다.

고양이 　오늘도 배를 타야 하는구나. 나는 정말 물이 싫고, 바다처럼 짠물은 더 싫어.

뱃사공 　야옹아~ 오늘은 태평양을 네게 보여 주마. 넓은 바다로 나가면 가슴이 후련하고 기분이 좋을 거야~ (후략)

7

타블로

무궁화꽃이
수영합니다

무대 위의 배우는 늘 움직입니다. 멈춰 있는 배우도 봤다고요? 예, 하지만 필요에 의해 멈추는 것도 '멈춤 동작'이라고 합니다. 관객이 보고 있는 건 배우의 행동이기 때문입니다. 행동은 그냥 움직임이 아니라 이유가 있는, 즉 어떤 이유로 선택한 움직임이죠.

'무궁화꽃이 피었습니다' 아시죠? 드라마 〈오징어 게임〉에 나와 세계적으로도 유명해진 놀이요. 연극 기법에 이와 비슷한 게 있답니다. 연극 중 배우들이 일순간 얼어붙은 동상처럼 하나의 상황을 멈춤 동작으로 표현하는 '타블로tableau'입니다. 많은 인원이 한꺼번에 어떤 동작을 하다 멈추면 그 자체로 멋진 조각 작품처럼 보입니다. 배우들만 그렇게 표현할 수 있는 것은 아니랍니다. 우리도 '무궁화꽃이 피었습니다'나 '얼음땡' 놀이를 하면서 포즈를 취해 순간을 얼어붙게 만들 수 있죠. 그 장면을 사진으로 찍으면 참 재미있을 거예요.

하나 둘 셋,
찰칵!

타블로는 어떤 상황을 주제로 주고, 그에 맞는 장면을 그림처럼 표현하는 기법입니다. '정지 장면'이라고도 해요. 배우가 아닌 사람들이 연기를 자연스럽게 하려면 시간이 많이 필요한데요. 정지 장면을 몇 개 만들고 리더의 구령에 따라 차례로 움직이는 연습을 하면 동작들이 물 흐르듯 이어져 한결 수월하게 즉흥극을 만들 수 있습니다.

'무궁화꽃이 피었습니다' 놀이로 타블로를 연습할 수 있어요.

술래를 정해 보세요. 술래는 아래 예시처럼 다양한 조건을 요구합니다.

무궁화꽃이 축구합니다.

무궁화꽃이 발레합니다.

무궁화꽃이 수영합니다.

무궁화꽃이 개구리 됐네요.

무궁화꽃이 지하철 탔어요.

무궁화꽃이 급식 먹어요.

　놀이에 참가한 사람들은 술래 반대편에 거리를 두고 선을 그은 다음 선 뒤에 섭니다. 술래가 눈을 가리고 조건(무궁화꽃이 ○○합니다)을 말한 뒤 돌아보기 직전까지 술래 근처로 다가가며 조건에 맞는 동작을 취합니다.

　술래가 돌아봤을 때 요청한 조건의 모양을 제대로 만들지 못했거나 만든 후 정지를 못하고 움직이면, 술래와 새끼손가락을 걸고 연결된 채 늘어서야 합니다. 안 걸린 사람이 술래에게 걸린 최초의 사람과 술래 사이에 있는 새끼손가락의 연결을 끊으면 모두 도망쳐서 그은 선 바깥쪽으로 달려 나가면 됩니다. 그러다 술래에게 잡힌 누군가가 다음 술래가 되는 거죠.

　'무궁화꽃이 피었습니다' 놀이로 멈춤 동작 연습이 잘되면 본격적으로 즉흥극을 위한 움직임과 정지 장면, 즉 타블로를 잘할 수 있게 됩니다.

　"하나 둘 셋, 찰칵!" 타블로 놀이를 할 때 사용하는 구령이에요. 어떤 장면을 외쳐 요청하고 하나, 둘 셋, 찰칵! 하면 움직이다 멈추는 거죠. 한번 해 보실래요?

　운동장에서 졸업식이 끝난 직후, "하나 둘 셋, 찰칵!"

아이돌 스타가 나타난 공연장 입구, "하나 둘 셋, 찰칵!"
성적표를 받은 교실의 학생들, "하나 둘 셋, 찰칵!"

모든 움직임엔
이유가 있다

이 놀이에서 멋지게 멈추려면 구령이 나오기 직전까지 이런저런 동작을 해 보거나 머릿속으로 상상해서 주어진 장면에 맞는 움직임을 만들어야 합니다. 멈춤이란 움직임을 전제로 하는 동작인 것이죠. 무대 위의 모든 움직임엔 이유가 있습니다.

어빙 고프먼은 사람들이 일상 속에서도 어떤 연기를 하고 있다고 말합니다. 사람들의 사회적 행동은 마치 연극하는 배우가 역할 연기(롤플레잉)를 하는 것과 같다는 거예요. 그는 사람들의 사회적 만남을 관찰하면 두 가지 유형을 찾을 수 있다고 했습니다. 하나는 서로 같은 관심사를 가지고 의도적으로 만난 경우고 다른 하나는 우연히 만난 자리입니다. 의도적으로 만난 자리에서 사람들은 다른 사람에게 보이고 싶은 자신의 모습을 만들어 행동한다고 해요. 상대에게 호의를 표현하고, 관심 있는 주제에 대해 이야기 나누고, 작별 인사를 하며 헤어질 때까지 호감을 유지하죠. 상상이 가죠? 그런데 서로 관심사가 전혀 다르지만 우연히 한 장소에 함께 있게 된 사람들은 말없이도 어떤 신호에 따라 상호 작용을 한답니다. 인사를 하지도 않고, 직접 말을 나누지도 않지만 서로의 존재를 의식하며 자세, 얼굴 표정, 몸짓으로 자신의 인상을 관리한다고 해요.

예를 들면 여러분이 지하철을 탔는데 자리가 하나 나서 얼른 앉으려고 했어요. 이때 같은 목적으로 그 자리를 향해 다가오는 다른 사람과 마주쳤다면 어떻게 하시겠어요? 사람마다 다르겠지만 자리에 꼭 앉고 싶다면 마주친 그 사람보다 빠르게 바람을 가르고 달려가 엉덩이를 의자에 붙일 거예요. 체면을 중시하거나 다른 사람에게 양보하는 쪽이 더 맘 편한 사람은 슬쩍 속도를 늦추며, 마치 앉을 생각이 없었던 것처럼 그냥 서서 가기를 택하겠죠. 이런 행동은 암묵적으로 다 아는 움직임이고 사회적으로 다들 그 움직임의 이유를 이해한다는 겁니다. 짧은 순간에도 사람들의 움직임에는 미세한 차이와 이유가 묻어납니다.

우리는 인생을 살아가는 동안 늘 어떤 행동을 합니다.

"왜 그렇게 행동했어?"라고 자신에게 물어보세요.

움직인 이유를 이해하는 과정에서 내 행동을 깊이 성찰할 수 있습니다. 행동이 몸에 배면 습관이 된다잖아요. 습관은 참 강합니다. 부지불식간에 우리를 움직이니까요. 그래서 말인데요, 몸에 밴 내 움직임의 이유가 나와 다른 사람의 행복이라면 어떨까요? 그러면 함부로 말을 하거나 상처를 주지 않을 것 같아요. 배려가 습관이 되는 거죠.

여러분은 어떤 이유로 어떻게 움직이나요?

움직임의 이유를 스스로 파악할 수 있다면 살아가는 이유를 아는 겁니다. 잘 살아간다는 건 내 움직임의 이유를 잘 알고 있다는 것이겠죠. 수많은 일상의 움직임엔 다 이유가 있답니다. 나 자신뿐 아니라 상대방의 움직임에도 이유가 있다는 걸 이해한다면 함께 살아가는 법을 조금은 쉽게 알아낼 수 있을 것 같아요.

8

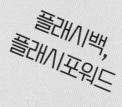

플래시백,
플래시포워드

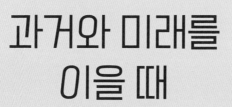

과거와 미래를
이을 때

만약 시간을 되돌릴 수 있다면 무슨 일이 일어날까요? 인생은 흐르는 강물처럼 다시 돌아갈 수 없다지만 상상 속에서는 얼마든지 가능하죠. 그래서 사람들은 타임머신을 꿈꿉니다. 시간의 역주행을 가정하고 갖가지 상상으로 불가능을 가능케 합니다.

플래시백flashback은 그렇게 시간을 과거로 되돌리는 연극 기법이에요. 어떤 장면을 기준으로 삼은 뒤 짧게는 30초 전, 5분 전, 10분 전, 길게는 10년 전으로 이동하는 거죠. 그에 반대되는 활동도 있어요. 플래시포워드flashforward죠. 몇 초, 몇 분, 몇 년 앞의 미래를 상상해서 장면을 이어 가는 활동입니다. 이 두 가지 활동을 하면 인물의 행동이나 동기를 이해할 수 있습니다. 또 어떤 행동의 결과로 발생할 일을 탐구하는 데 도움이 됩니다.

앞서 알려드린 타블로(정지 장면)를 발전시켜 한 편의 연극을 만들 수 있도록 다리를 놓아 주기도 합니다. 정지 장면이 한 순간을 사진처럼 표현하는 것이라면 플래시백과 플래시포워드는 기준이 되는 장면의 앞과 뒤를 이어 줌으로써 표현에 깊이를 더합니다.

흰 눈이 내리는 겨울, 눈싸움하는 장면을 정지 장면으로 만들 수 있어요. 그리고 누군가 진행자를 맡아 "10분 전으로 플래시백!" 하고 신호를 주는 겁니다. 이때 조용하게 슬로 모션으로, 예를 들어 '나무늘보처럼 움직이기'라는 미션을 주면 더 재미있겠죠?

"10분 전으로 플래시백!" 하고 구령을 외치면 눈싸움을 하는 정지 장면에서 느린 동작으로 이동합니다.

10분 전은 이런 상황이었던 겁니다. 학생들은 눈이 내리자 선생님을 졸라서 운동장으로 달려 나갔습니다. 최초로 눈을 뭉쳐 던진 사람은 철수였습니다. 철수의 눈을 맞은 영철이는 "해볼래?" 하며 눈덩이를 던지기 시작했고, 모두 "와~" 하고 환호성을 지르며 본격적으로 눈싸움을 했습니다.

진행자가 "원래대로!" 하면 처음의 정지 장면으로 되돌아갔다가, "10분 후로 플래시포워드!"라고 외치면 슬로 모션으로 벌서는 장면을 만듭니다.

눈싸움이 격렬해져서 나중에는 신발을 벗어 던지고, 그러다 엉덩방아를 찧은 희주가 울었기 때문입니다. 선생님의 휘슬 소리와 함께 신발을 던지던 학생들은 벌을 받습니다. "그렇게 눈싸움은 눈

으로만 해야 즐거운 놀이가 된다고!!" 하며 선생님이 눈(目)싸움을 시키자 모두 배를 잡고 웃게 됩니다.

타임머신
놀이

추운 겨울에는 몸도 마음도 꽁꽁 얼어붙어 학교에 가기 싫어지죠. 하지만 한 해 동안 일어났던 이야기를 엮어 학급 문집을 만들고 설문지를 돌려 가며 10대 뉴스를 고르는 등 재밌는 일들을 기획한다면 하루하루가 신이 납니다.

'타임머신 놀이'도 즐겁습니다. 이 놀이로 연극을 만들며 함께한 1년을 소환하고 서로의 성장을 바라봤던 '우리 반 연대기' 시간은 소중한 기억 중 하나입니다. 눈이 큰 K가 체육 대회 추억 연극을 마치고 닭똥 같은 눈물을 흘리며 헤어지기 싫다고 말했던 장면이 아직도 떠올라요.

방법은 이렇습니다. 놀이의 진행자가 먼저 모둠을 만들어요. 졸업 앨범 그룹이나 분단별로 모둠을 만들어도 좋고, 태어난 월이 같은 사람끼리 모둠을 만들어도 좋습니다. 모둠끼리 지금의 기분이나 정서를 하나의 타블로로 만듭니다. 진행자는 "한 달 전" "6개월 전" "체육 대회가 있던 날" "방학식 날" "10년 후" "20년 후", 이런 식으로 조건을 크게 외쳐 주고요.

중간에 규칙을 추가할 수도 있습니다. 진행자가 과거의 장면 속 인물의 어깨에 손을 올리면 대사를 하기로 약속하고, 진행자의 터치에 따라 각자 말하면 현재와 연관된 과거의 상황과 사람들의 생각을 자세히 알게 됩니다.

이렇게 과거와 현재, 미래로 시간을 오가며 놀다 보면 이야기가 조금씩 상세하게 발전되어 갑니다. 시간을 짧게 가지면 즉흥 타블로를 할 수 있고, 시간이 많으면 타블로들을 이어 한 편의 이야기를 만들거나 그 이야기로 연극을 할 수도 있죠. 타임머신 놀이로 멋진 추억을 되새기고 그 광경을 휴대폰 동영상으로 남겨 둔다면 오래오래 간직할 수 있을 거예요.

플래시백과 플래시포워드는 어떤 일들이 어떻게 벌어져서 특정 순간에 이르게 되었는지 드러냅니다. 이후 어떻게 해결될 것인지도 유추하게 합니다. 현재 상황이 너무 절망적이고 힘들다면 이 상황의 원인과 결과를 여러 각도로 상상하게 해서 희망을 보여 줍니다. 그리고 그것이 현실이 되도록 힘써 볼 용기를 줍니다.

삶은 시간의 흐름이라는 파도를 타는 것과 같습니다. 사람은 모두 흘러간 시간을 되돌릴 수 없다는 한계를 지닌 채 저마다 멋진 인생을 살기 위해 애쓰고 있어요. 그런데 연극에서는 유한한 시간을 늘이고 줄이고 되돌리고 앞서갈 수 있으니 죽음과 부활도 반복

할 수 있죠. 시간을 넘나든다고 과거의 일이 바뀌는 건 아니지만 과거의 상황을 재해석하는 데 도움을 받을 수 있답니다. 그 일이 일어날 수밖에 없었던 상황을 이해하고, 혹시라도 그 상황에서 빚어진 안타까움이 해결되지 않고 자신을 괴롭히고 있다면 시간을 되돌려 대화해 보는 거죠. 미안한 마음이 있지만 전하지 못했던 사람에게 체온을 담은 몸의 소리로 진심 어린 사과를 건넨다면 마음이 편해질지도 몰라요.

순간이 영원으로

애니메이션 〈코코〉의 유명한 주제가, '리멤버 미Remember Me'라는 노래 아세요? 아름다운 멜로디만큼이나 애절한 노래죠. 떠난 사람은 더 이상 눈으로 보거나 손으로 만질 수 없지만 음악을 연주한다면 그 음악으로 되살아나 함께할 테니 이별을 슬퍼하지 않아도 된다는 이야기를 담고 있어요. 저는 어릴 적 할머니 손에 자라서인지 돌아가신 할머니를 잊지 못해 오래도록 슬픔에 젖어 지냈는데요. 이 노래 덕분에 할머니와의 특별한 시간들을 기억해 냈어요. 그렇게 헤어짐이라는 슬픔의 늪에서 벗어날 수 있었답니다.

기억해 줘 내가 어디에 있든

기억해 줘 슬픈 기타 소리 따라

우린 함께한다는 걸 언제까지나

널 다시 안을 때까지

기억해 줘

눈을 감고 이 음악을 들어 봐

우리 사랑과 함께 난 네 곁에

눈을 감고 이 음악을 들어 봐

우리 사랑을

기억해 줘 지금 떠나가지만

기억해 줘 제발 혼자 울지 마

몸은 저 멀리 있어도 내 맘은 네 곁에

매일 밤마다 와서 조용히 노래해 줄게

기억해 줘 지금 떠나가지만

기억해 줘 내 사랑 변하지 않아

우린 함께한다는 걸 언제까지나

널 다시 안을 때까지

기억해 줘

눈을 감고 이 음악을 들어 봐
우리 사랑을
기억해 줘

〈코코〉의 주인공 미구엘은 음악과 노래를 사랑하는 소년입니다. 그러나 음악을 하려고 가족을 떠나간 고조할아버지 때문에 음악이 금지된 집에서 자라나죠. 멕시코 최고의 가수 에르네스토 델라 크루즈를 동경하는데, 죽은 자들의 날(죽은 이들을 기억하고 산 자들의 번영을 기원하는 멕시코 국경일)에 열리는 음악 대회에 나가려다 고조할아버지가 델라 크루즈의 기타를 들고 있는 사진을 발견합니다. 미구엘이 기쁨에 가득 차 뮤지션이 되겠다고 선언하자 할머니 엘레나가 그의 기타를 부수지만, 어떻게든 대회에 참가하려고 델라 크루즈 기념관에 전시된 기타를 훔쳐요. 그런데 그 기타를 손에 쥔 순간 죽은 자들의 세계로 빠져들어 갑니다. 헥터라는 남자와 함께 모험하며 어떤 진실을 알게 되죠.

영화에는 기억에 관한 중요한 이야기가 나와요. 살아 있는 가족들이 죽은 이를 기억해 주지 않으면 죽은 자들의 세계에서 그의 영혼이 사라져버린다는 거예요. 그러니 기억한다는 건 누군가의 존재를 영원히 살게 하는 것이죠. 미구엘은 노래 '리멤버 미'로 증조할머니 코코의 기억을 되살려 가족 사이에 얽힌 실타래를 풀어낸답니다.

기억은 음식의 향기나 맛으로 촉발되기도 합니다. 어릴 때 좋아하던 음식을 내내 잊고 있었는데, 길을 가다가 그 음식의 냄새가 코끝을 스치면서 갑자기 어린 시절의 한 장면이 영화처럼 떠오를 때가 있잖아요. 마르셀 프루스트라는 작가는 소설《잃어버린 시간을 찾아서》에서 음식의 향기로 시간을 되돌려 과거를 치유하는 방법을 알려 줍니다. 앞서 소개한〈달의 저편〉이 어떤 계기로 소환된 기억과 현재를 잇는 여정을 보여 주듯이.

기억 속에는 아픔을 치유할 수 있는 약이 들어 있다고 합니다. 물론 단순히 떠올린다고 약이 되는 건 아니겠죠. 그 기억이 현재의 나와 만나 새로운 기억으로, 예술적으로 승화될 때 상처가 치료될 겁니다. 음악, 문학, 연극 등 예술적 상상력이 없다면 삶은 참 덧없을 듯해요. 그래서 인생은 짧고, 예술은 길다는 말이 있는 거겠죠. 오랜 역사 속에서 사람들은 한 세대를 살고 사라지지만 예술은 시간을 앞으로 뒤로 오가며 이어 주고 초월하는 힘을 우리에게 부여한답니다. 이것이 인간에게 주어진 신의 축복이 아닌가 합니다.

9

핫 시팅과
그 밖의 방법들

연극이라는
모험

어린이들은 작은 일에도 깡충깡충 뛰며 좋아하죠. 청소년들도 비슷해요. 교실에 작은 사건이라도 하나 터지면 반응이 장난 아니죠. 어른들은 그런 여러분을 가끔 부러워하기도 한답니다. 뭔가 가슴 뛰는 일이 있으면 좋겠다면서. 어른이 되면 어지간해서는 아이 때처럼 신이 나지 않나 봐요. "사는 게 다 그렇지 뭐"라는 말도 많이 들어 봤을 거예요. 그런데 저는 나이가 든 지금도 연극을 생각하면 가슴이 두근거린답니다. 연극을 만드는 일은 낯선 세계로 떠나는 여행이나 모험 같아요.

　연극에서는 늘 새로운 인물이 창조되고, 종횡무진 사건이 펼쳐지죠. 그런 연극을 만들기 위해서는 무엇이 필요할까요? 우선 '이야기'가 필요하겠죠? 이야기는 무대 위에 그 이야기를 펼쳐 보이는 연출가의 의도에 따라 다양한 작품이 되지만, 어떤 연극이든 공통점이 있습니다. 그 이야기를 끌고 가는 '주인공'이 반드시 있다는 거예요. 그래서 사람들은 묻잖아요? 주인공이 누구야? 연극을 보며 주인공을 궁금해하는 건 당연한 일이죠.

　흔히 TV 드라마의 인기는 주인공에게 달려 있다고 해요. 주인공이 멋져야 드라마가 살아나니까요. 연극도 일단 주인공이 누구인지 정하는 데서 시작할 수 있습니다. 주인공이 될 인물의 성격부터 설정하는 게 쉬울 거예요. 연극을 하기 위해 인물을 생각한다니 이상한가요? 기초 작업쯤으로 봐도 좋겠어요. 주인공으로 삼을 인물을 만들고 그 인물을 중심으로 사건이 생기고 어쩌고 하면서 이야기가 재밌어지는 거니까요. 인물의 창조는 연극 만들기에서 가장 중요하다고 생각해 주세요. 어떤 인물을 상상하다 보면 생각이 더 확장되어 사람이라는 존재가 궁금해지기도 할 겁니다. 궁금증을 해소하기 위해 이런저런 책을 읽으며 사람에 대해 알게 되면 다시 나 자신에게로 관심이 옮겨지곤 하죠. 이야기가 좀 샛길로 빠졌는데요. 이제 주인공을 만드는 데 도움이 되는 활동을 소개할게요.

인물 설정부터
결말까지

어느 해 여름, 태양빛에 오래 노출된 양철 의자에 앉아 본 적이 있어요. 너무 뜨거워서 화들짝 놀랐죠. 앉을 수가 없더라고요. 연극에는 이렇게 '뜨거운 의자'라는 기법이 있답니다. 핫 시팅hot seating은 어떤 사람을 의자에 앉혀 놓고 질문들에 답하게 하는 활동이에요. 질문을 받는 사람은 어떻게든 답을 해야 하니 부담스러워 앉은 의자가 무척 뜨겁게 느껴진다는 의미를 담고 있습니다.

핫 시팅은 다양하게 활용할 수 있어요. 연극 공연을 마친 배우가 역할을 입은 채 의자에 앉게 하고 관객이 질문을 던져서 그 역할의 내면세계가 어떤지 알아보기도 하고요. 배우가 역사 속 인물을 연기했을 경우에는 역사적 상황에 대해 묻고 답할 수 있습니다. 연극을 창작하고 새로운 주인공을 만들 때 사용할 수도 있죠. 가상의 인물을 뜨거운 의자에 앉혀 놓고 그의 이야기를 들어 보며 구체화하는 거예요. 공동 창작을 한다면 팀원 중 한 사람이 뜨거운 의자에 앉아 주인공이 되어 질문에 답하거나, 여러 사람이 돌아가면서 의자에 앉아 답한 이야기를 잘 모으면 주인공은 물론 주인공의 주변 인물까지 만들어집니다. 여러분이 만드는 연극의 주인공은 어떤 사람일까요? 그리고 그의 주위에는 어떤 사람들이 있을까요?

주인공을 정하는 방법은 이 외에도 몇 가지가 있어요. 그중 하나가 인물 윤곽(role on the wall)입니다. 종이 위에 사람의 형상을 그리세요. '생강 과자 아이'처럼 그려도 됩니다. 안쪽에는 주인공의 성격, 고민거리, 좋아하는 것, 싫어하는 것 등을 적습니다. 바깥쪽에는 겉으로 알 수 있는 얼굴 생김, 머리 길이, 나이, 입고 있는 옷, 직업 등을 씁니다. 단어로 써도 좋고, 문장으로 써도 좋아요. 포스트잇에 써서 붙여도 좋습니다.

핫 시팅이나 인물 윤곽으로 주인공이 만들어졌다면 그가 지닌 삶의 목표가 무엇인지 정해 봅니다. 단기 목표와 장기 목표를 구분해도 좋지만 급히 해결해야 하는 중요한 일이라면 조금 더 상세하게 정할 수 있겠죠. 가수가 꿈인 청소년이 오디션 무대에 서고 싶다든지요. 복수 또는 어떤 구속에서의 탈출이 목표가 될 수도 있습니다.

목표를 정했다면 갈등을 찾아야 해요. 갈등이 없으면 연극이 아니죠? 그러니 주인공의 목표 달성을 방해하는 사람이나 상황이 필요합니다. 방해꾼이 나타나 갈등을 겪고, 갈등에서 빚어진 일들을 풀어 나가며 변화하는 이야기를 흥미진진하게 만들어 보는 겁니다.

방해꾼의 예를 들면 희곡 〈파랑새〉에서 틸틸과 미틸을 훼방 놓는 고양이, 어둠의 세계를 지키는 밤의 여왕 등입니다. 등장인물이 아니라 기후나 경제력이 방해꾼이 되기도 합니다. 가수가 되고 싶은데 갑자기 목소리가 안 나오는 것처럼 주인공의 상태가 될 수도 있고요. 앞서 대립항을 찾아낸 것과 같은 방식으로 방해꾼을 찾아 보세요.

그리고 이렇게 방해에 부딪힌 주인공의 주변에는 반드시 그를 도와주는 존재가 있죠? 줄리엣에게 약을 준 로런스 신부라든가 춘향 곁의 향단처럼요. 이들을 조력자라고 해요. 조력자까지 정했다면 주인공이 목표를 달성할지 못할지를 상상합니다. 이야기가 어떻게 끝나면 좋을지도 판단해 봅니다. 해피엔드를 좋아하나요? 끝없이 이어지는 열린 결말로 남겨 두고 싶은가요?

아래 항목에 상상을 덧붙여 답해 가면서 이야기를 풍성하게 만들어 보세요.

주인공은 누구이고 그는 어디 사는가? ....

주인공이 해야 할 일, 하고자 하는 일은 무엇인가? ....

누가/무엇이 어떻게 그를 방해하는가? ....

누가/무엇이 어떻게 그를 돕는가? ....

주인공은 어떻게 과제를 수행하는가? ....

이야기는 어떻게 끝나는가? ....

이 여섯 가지를 다 정했다면 연극을 할 수 있는 이야기의 얼개가 나온 거예요. 얼개를 바탕으로 연극의 제목도 정하고, 중요한 장면도 구상할 수 있겠죠.

내가
영웅이라면

이야기를 만드는 또 다른 방법이 있습니다. 영웅 이야기 좋아하세요? 영웅의 서사는 동서양을 막론하고 괴물이나 악당을 처치한 다음 그 보상을 얻는다는 공통점이 있죠.

지금 소개하려는 것은 할리우드 시나리오 컨설턴트로 유명한 크리스토퍼 보글러의 '영웅의 여정'입니다. 보글러는 미국의 신화 종교학자 조지프 캠벨의 '17단계 영웅의 여정 구조'를 12단계로 줄이고, 실용적으로 재구성했습니다. 우리가 소설이나 영화에서 만나는 영웅 모험담은 대체로 대중성이 더해진 보글러의 여정과 유사합니다. 〈쿵푸 팬더〉〈스파이더맨〉 등의 영웅 스토리를 이 공식에 맞춰 분석해 보면 새로운 재미를 느낄 수 있을 겁니다. 자기 자신을 영웅으로 설정해서 이야기를 쓸 수도 있죠. 12단계를 차례로 설명해 볼게요.

❶ 일상 세계: 영웅이 될 사람 소개

영웅이 될 사람이 모험을 떠나기 전 함께 살던 사람들, 지역 사회 등에 대해 소개합니다. 여러분이 주인공이라면 성격, 가족 관계, 주위 환경을 이야기할 수 있겠죠. 영웅이 될 사람으로서 갖고 있는 꿈

이나 비범한 측면을 설명해도 좋습니다.

나는 아주 평범한 가족의 일원이다. 꼼꼼한 아버지와 명랑한 어머니, 그리고 노래를 잘하는 오빠와 함께 산다. 특별한 점이 있다면 날 때부터 소리에 민감하다는 것이다. 작은 소리에도 잘 놀랐고, 불협화음을 들으면 죽을 것 같은 고통을 느꼈다. 신생아 때는 청소기 소리를 들으면 자지러지게 울었다고 한다. 이후 내 능력은 음악적 재능으로 드러났는데, 이른바 절대음감이랄까? 어떤 노래도 한 번 들으면 그대로 따라 할 수 있었다.

❷ 모험의 소명: 부름을 받다

일상 세계를 사는 주인공에게 누군가 나타나, 낯선 세계로 떠나서 어떤 보물(목표)을 찾아보라고 권합니다. 여러분에게는 누가 나타날까요?

고등학교를 다니던 어느 날 음악 선생님의 제안을 받았다. 자신이 맡고 있는 학교 합창단에 들어와 솔리스트를 해 보지 않겠느냐고. 합창단은 제법 유명했다. 학교에서는 마치 연예인처럼 뭇 학생들의 시선이 집중되는 동아리였고, 전국을 순회

하며 노래를 할 만큼 뛰어났다. 솔리스트는 누구나 부러워하는 대상이었다.

❸ 소명의 거부: 부름을 거절하거나 회피하다

주인공은 어떤 이유로 지금의 세계를 떠나지 않으려 합니다. 대체로 영웅들은 최초의 부름을 선뜻 받아들이지 못해요. 약간 머뭇거리죠. 여러분은 어떠세요? 내면의 두려움, 남겨진 가족에 대한 걱정, 떠나면 안 되는 외부 상황 등 모험을 거부하게 되는 요인을 생각해 보세요.

사람들이 많이 모인 곳을 좋아하지 않았고, 나름 공부에 인생의 승부를 걸려 했기 때문에 합창단엔 관심 없었다. 전국투어라니 말이 되는가? 공부할 시간도 빼앗길 뿐더러 친하지도 않은 애들과 한방을 쓰며 숙박을 하는 건 정말 피하고 싶었다.

❹ 정신적 스승과의 만남: 사부의 가르침

주인공이 모험을 떠나지 못하면 스승이 등장해 신비한 힘을 줍니다. 존경할 만한 스승을 만난 영웅은 두려움을 극복하고 스승에게서 여행에 필요한 물건, 지식, 용기를 얻습니다. 흔히 말하는 '사

부'가 주인공을 돕는 거죠. 훈련을 시키거나 비법을 전수하는 식
으로요.

나를 설득한 사람은 음악 선생님이었다. 소탈하고 속 깊은 분
으로 학교에서 보기 드문 캐릭터였다. 장난도 잘 받아 주고
친구처럼 대해 주는 선생님과 함께라면 합창단 활동도 약간
은 재미가 있을지 모르겠다고 생각했다.

🔟 첫 관문 통과: 미지의 세계로 떠나다

영웅은 모험을 떠나기로 결단하고 실행합니다. 다른 세계로 가려
면 문지기가 지키는 관문을 통과해야 해요. 이렇게 경계를 넘어 익
숙한 세계에서 미지의 세계로 들어갑니다.

자, 여러분은 첫 번째 관문을 통과했어요. 그건 무엇인가요? 난
관을 극복하고 그 길로 들어서기 위해 희생한 것이 있나요?

절대 음감 덕에 나는 합창단의 인기를 한 몸에 독차지할 수
있었다. 첫 번째 순회공연에서부터 솔리스트를 맡았다. 문제
는 연습 때 술술 잘되던 노래가 무대에만 서면 기괴한 소리가
되는 것이었다. 목에 가시라도 걸린 듯 꽉 막히고 목소리가
꺾였다. 무대 공포증! 그때마다 음악 선생님은 내게 알약을

하나씩 주시곤 했다. 정체 모를 그 약을 먹고 무대에 오른 첫날 나는 가까스로 무사히 노래를 마칠 수 있었다. 물론 무대에서 내려온 후 정신을 잃었지만 말이다. 그 약은 대체 뭘까?

⓺ 시험, 협력자, 적대자: 고난의 길

주인공은 연속해서 펼쳐지는 고난의 길을 지나야 합니다. 미지의 세계는 영웅을 계속 시험에 밀어 넣어 다가올 시련에 대비하게 해요. 협력자나 적대자를 알아내는 과정으로 영웅의 판단력을 시험합니다.

여러분이 지금 겪고 있는 고난의 길은 무엇인가요? 잘 통과하고 있나요? 고난의 길을 가며 만난 사람들은 여러분에게 힘을 주나요? 아니면 여러분을 시험하나요?

합창 공연이 여름 내내 계속되었고, 나는 알약 먹기와 기절을 반복하며 기진맥진했다. 더군다나 노래를 부르면서 춤까지 춰야 하는 공연이 생겼다.

나는 몸치다. 신은 모든 것을 주지 않는다. 절대 음감에 고운 목소리를 가졌지만 몸은 항상 음악보다 반 박자 느리게 움직여 대열을 흩트리는 민폐를 끼쳤다. 다들 나를 좋아해서 웃어 넘겼지만 합창단을 이끌어야 하는 음악 선생님은 처음 나를 끌어들일 때의 호의와 자상한 태도 대신 매서운 눈빛을 보냈다. 악마의 채찍질 같았다.

한편 C는 날렵한 춤 솜씨로 인기를 얻기 시작했다. 나는 인기 1위의 권좌를 C에게 넘겨주고 말았다. 처음부터 인기를 탐낸 건 아니지만 C의 뽐내는 태도와 C에 대한 음악 선생님의 관심은 날로 내 머릿속을 복잡하게 만들었다. 게다가 합창단원들의 측은해하는 표정이라니. 계속하느냐 마느냐를 두고 머리가 아팠다. 그냥 그만두면 되는 일이었지만 중간에 꽁무니를 빼고 달아나는 건 어쩐지 비겁해 보여 미적미적 버텼다.

ⓥ 동굴 가장 깊은 곳으로: 핵심 세계

영웅은 특별한 세계의 핵심으로 접근합니다. 시련을 맞이하기 전 계획을 수립하고, 적을 정찰하고, 조직을 점검해서 재정비하고 방비를 강화하며 화력도 보강합니다. 모험의 목표 지점에 깊숙이 다가가는 거죠.

매일 피나는 노력을 한 넉에 그럭저럭 춤 동작을 따라 할 수 있었다. 하지만 최고 난이도를 시험이라도 하듯 춤과 함께하는 뮤지컬 넘버를 공연하게 되었다. 그 자리에는 우리나라 굴지의 예술가들이 온다고 했다.

나는 노래만 부르면 될 거라고 생각했다. 그런데 주인공을 맡은 C가 감기에 걸려 목소리도 안 나오고 몸살이 심해 춤을 출 수 없게 되었다는 것이다. 들리는 말로는 밤잠도 반납하고 맹렬히 연습하다 병이 났다고 한다. C의 과도한 열정은 무신경한 나에게 화살이 되어 돌아왔다.

🔋 시련: 최대의 난관

영웅은 최대의 도전을 하며 여태껏 겪어 보지 못했던 가장 무서운 적과 마주칩니다. 여기서 상징적인 죽음을 맞이하죠. 상징적인 죽음이란 탈피를 의미해요. 새는 알을 깨야 비로소 날갯짓할 수 있잖아요. 영웅도 죽음과 같은 시련을 겪어야 진정한 영웅이 됩니다.

하기로 했다. 춤과 노래 모두를. 그런데 망할! 목소리가 자꾸 잠기고 알약을 먹어도 꺾이는 현상이 잦아들지 않았다. 기절하는 증세는 여전했다. 나쁜 건 유지되고 좋은 건 사라지는 이상한 내성이 생겼다. 째깍째깍 시간은 다가오고, 합창단원들은 모두 나를 지켜봤다. 이대로 극복이 안 된다면 그동안 쌓아 온 우리 합창단의 명성은 한순간에 씻을 수 없는 망신으로 기록될 것이다. 대체 어떻게 해야 할까?

나는 알약을 먹지 않았다. 그러자 자꾸만 무대 위의 나를 바라보게 되었다. 유체 이탈이라도 한 것처럼. 연습을 했고, 그 대로 하면 되는데, 어쩌자고 늘 나와 내 몸이 거리를 두는지 알 수 없었다.

그래도 진검 승부를 위해 오직 나만 믿었다. 선생님! 알약을 먹지 않겠어요. 선생님은 말했다. 그래 그 알약, 사실 비타민 이야. 그러니 너를 믿어.

망신을 무릅썼다. 노래를 하고 춤을 췄다. 그런데 이게 무슨 일인지! 무대에 선 나는 깃털처럼 가벼워졌고, 소리를 내는 내 몸과 나는 비로소 하나가 된 듯했다. 그분이 오신 걸까? 정신을 차려 보니 모두 기립 박수를 치고 있었다. 휴, 끝났구나.

🔋 보상: 검을 얻다

시련 과정에서 위기를 넘긴 영웅은 자신의 목표를 이룹니다. 보물을 얻고 향유하죠. 아마 이때 가장 큰 희열을 느낄 수 있을 겁니다. 호수의 요정에게서 명검 엑스칼리버를 받아 쥔 아서왕처럼 말입니다.

무사히 공연을 마친 우리 합창단은 예술가들에게 엄청난 박수갈채를 선물로 받았다. 내후년까지 후배들의 공연을 아낌없이 지원하겠다는 약속도 받았다. 솔리스트에게는 본인의 희망 여부에 따라 장학금을 수여하겠다는 소식이 들렸다. 나는 그 장학금이 어쩐지 족쇄 같은 느낌이 들었다. 우리 합창단이나 가장 필요한 학생에게 주는 게 좋을 것 같다고 제안했다. 엄마는 쿨한 내가 멋지다고 했지만 속은 좀 쓰린 것 같았고, 뼛속까지 꼼꼼한 아빠는 이 모든 것을 자소서에 기록하라고 했다.

⑩ 귀환의 길: 마지막 시련

영웅은 모험의 궁극적인 목적을 상기하고 일상 세계에 돌아가기로 결심합니다. 보물이 주는 꿀맛 같은 생활에서 나와 자신이 살던 곳으로 귀환하는 과정에서 마지막 시련을 만납니다.

2학년 2학기를 시작하며 합창단 활동을 끝냈다. 한 학기 동안 후회 없이 공부했고, 대입에 필요한 내신에 포함되는 기말고사가 코앞이었다. 하지만 학년이 바뀐 수학 시험지. 나는 고3 시험지를 받았고, 시험 종료 10분 전에 그 사실을 알았다. 말도 안 되는 일이지만 새 시험지를 다시 받고 쉬는 시간까지 시험을 보라는 조치가 내려왔다. 전력으로 시험을 치르고 정신을 잃었다.

🕘 부활: 다른 차원의 성장

다시 상징적 죽음을 겪은 영웅은 부활하는 단계를 거쳐 일상 세계로 돌아옵니다. 죽었다가 살아난다면 세상을 보는 눈부터 달라지겠죠? 부활은 '전혀 다른 차원으로 성장하는 것'을 의미한답니다.

이 시험으로 나는 전설의 주인공이 되었다. 두 시험 모두 만점을 받은 것이다. 내가 복도를 지나면 선생님들이 뒤에서 "쟤야?!" 했다고 한다. 이야기를 전해 준 사람은 바로 알약 선생님이었다. 그녀는 자신의 일인 양 으스대며 뿌듯해했다.

이후 나는 교사를 꿈꿨다. 나처럼 자신의 한계 앞에 좌절하는 학생들에게 도움을 주는 선생님이 되기로 했다. 주위에서는 더 높은 대학의 더 높은 학과를 가라고 말했지만 내 의지를 명확히 밝혔다. 그동안의 경험에서 확신을 얻었기 때문이다. 내 안의 용기만큼 저 산은 크고 멋질 것이다. 이제 나는 내가 걷는 속도대로 걷는다.

🕙 영약을 가지고 귀환: 평화를 얻다

영웅은 낯선 세계에서 특별한 효험이 있는 약을 가지고 귀환합니다. 특정한 약이라는 뜻이 아니라 여정에서 영웅이 체득한 배움이나 지혜입니다. 무한히 타인과 나눌 수 있죠. 일상 세계는 그 영약으로 인해 평화를 얻습니다.

여러분이 영웅이라면 어떤 영약을 얻어 나누고 싶으세요?

지금도 흰색 알약을 가끔 먹는다. 알약의 정체는 누구나 구하기 쉬운 비타민이다. 건강을 관리하기 위해 갖고 다니다 피곤해하는 사람들을 만나면 나눠 준다. 이 약은 불가능을 가능하게 해 준다는 뻥을 치면서. 간혹 살면서 힘든 일을 겪으면 그때를 떠올린다. 성장의 아픔을 정면으로 뚫고 나올 수 있도록 내면의 나를 강하게 단련했던 그 시절을. 참, 이제 더 이상 기절하진 않는다.

우리는 주인공이 어떤 모험이나 시련을 딛고 성장하는 서사에 열광하죠. 우리가 영웅 이야기를 좋아하는 이유가 있다면 아마도 우리의 삶이 영웅의 그것과 닮아 가기를 바라기 때문이 아닐까요?

'영웅의 여정'은 우리 모두가 영웅이라는 사실을 알려 주는 이야기 구조랍니다. 누구나 태어나고 자라서 어떤 꿈을 위해 독립을 하려고 꿈틀거리는 과정을 겪습니다. 정신적 스승을 만나고, 부딪혀 오는 역경 앞에서 넘어지고, 다시 일어나 보물을 찾아냅니다. 성공에 벅차지만 돌아온 일상은 변한 게 없죠. 그러나 그 일상의 세계도 변화시키는 것이 영웅의 진정한 미션일 겁니다. 우리가 구해 온 각자의 영약을 나눠 궁극의 평화를 누릴 수 있다면 얼마나 좋을까요.

영웅이란 낯선 세계에 도전해 새 힘을 얻고, 이 힘을 세상에 이롭게 쓸 줄 아는 사람이에요. 영화 속 초능력자들만 영웅이 아니죠.

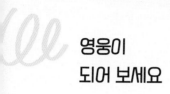

영웅이
되어 보세요

여러분은 어떤 영웅입니까?

막	단계	스토리
1막	❶ 일상 세계	
	❷ 모험의 소명	
	❸ 소명의 거부	
	❹ 정신적 스승과의 만남	
	❺ 첫 관문 통과	

2막	⑥ 시험, 협력자, 적대자	
	⑦ 동굴 가장 깊은 곳으로	
	⑧ 시련	
	⑨ 보상	
3막	⑩ 귀환의 길	
	⑪ 부활	
	⑫ 영약을 가지고 귀환	

10

어떻게 삶을
사랑할 수 있을까

우리는 인생을 멋지게 살아 보겠다고 결심하지만 곧 아무 생각 없이 하루의 태양을 마주하고 다시 어둠과 함께 잠을 청하곤 합니다. 이때 연극은 우리가 살아가는 이유를 묻고, 현재 어디에 서 있는지 묻습니다. 그래서 가끔은 불편하기도 합니다. 무덤덤한 일상에 균열을 내니까요.

이제부터 그런 질문에서 비롯한 이야기를 꺼내려 합니다. 사실 학창 시절 한 번쯤 던져 보는 질문입니다. 사람은 아기, 어린이를 거쳐 성장하다 청소년이 되면 유달리 세상과 대립하죠. 자신의 관점이 생겼다는 증거이고, 그 눈높이만큼 세상과 부딪힙니다. 생명력이 있기 때문입니다. 질문과 대립은 나를 외치는 힘이 뿜어낸 빛이에요. 이 빛들을 연극 무대 위에 올려 봅니다. 지금, 여기 있는 여러분과 나눌 수 있기를 바랍니다.

누구나 한 번쯤
가출을 상상하죠

이런 연극 수업을 한 적이 있습니다. 시작은 어떤 소녀가 냉장고 위에 책을 한 권 두고 집을 나간 사건입니다. 책의 제목은 《문제아 기르기》. 주변 인물들은 그녀가 남긴 책을 샅샅이 들여다봅니다. 사라진 소녀를 찾을 수 있는 단서를 발견하기 위해서.

'왜? 어디로? 누구와 집을 나간 걸까?'

학생들은 질문을 품고 탐정이나 소녀의 부모, 친구가 되어 수색 작전을 벌인다는 설정으로 연극을 만듭니다. 그러면서 스스로에게 묻게 되죠.

'나라면 어떤 이유로 집을 떠나고 싶을까?'

이 설정은 소년 소녀의 사랑 이야기를 다룬 영화 〈문라이즈 킹덤〉에서 가져왔습니다. 황순원의 〈소나기〉 같은 분위기가 떠오를 수도 있겠지만, 〈문라이즈 킹덤〉은 로미오와 줄리엣을 연상케 할 만큼 열렬합니다.

샘은 사고로 가족을 전부 잃고 위탁 가정을 옮겨 다니는 이른바 문제아입니다. 수지는 부유한 가정에서 자랐지만 친구라곤 라디오와 책, 고양이밖에 없는 외톨이입니다. 둘은 1년 전 교회에서 처음 만나 편지를 주고받는 친구가 되었습니다. '나, 싸워서 정학 당했어'

'네 동생들 진짜 못됐다' 등 서로의 아픔을 나누며 사랑을 키워 오던 샘과 수지는 둘만의 아지트를 찾아 떠나기로 합니다. 그리고 결단의 날, 준비물을 가방에 넣고 어딘가로 향합니다. 몇 시간 후 동네는 이들의 실종 사건으로 발칵 뒤집히죠. 수지의 부모님과 경찰관, 친구들이 둘의 행방을 찾아 나섭니다. 그 과정에서 드러나는 어른들의 행동은 사회와 가정의 현주소를 적나라하게 보여 줍니다.

기억나는 학생이 있습니다. A는 정말 똑똑하고 야무진 아이였고, 아무런 문제없이 잘 지냈어요. 그런데 어느 날 저를 찾아오더니 집에서 살기가 싫은데 어떻게 하면 좋을지 모르겠다는 거예요. 집안 사정은 상상도 못할 지경이었어요. 어머니는 가출하고 아버지는 매일 술에 절어 자식에게 화풀이를 했다고 합니다. A는 집에서 나오고 싶었지만 갈 곳이 없었습니다. 가장 견디기 힘든 건 아버지의 말투와 욕설이었어요. 듣고 싶지 않은 말들에 많은 상처를 받았죠. 하지만 A의 가출을 도와줄 수는 없었어요. 연극으로 문제를 함께 풀어 가는 수밖에요.

〈문라이즈 킹덤〉처럼 가출 가방을 썼습니다. A와 학생들은 자기가 챙겨 가고 싶은 물건들을 그림으로 그려 가출 가방 모형에 담았어요. 아이러니하게도 가족사진을 담은 학생도 있었어요. 사진은 잔소리를 하지 않는다나요? 강아지를 데려가겠다고 했다가 무르기도 하고, 이불 밖은 위험하다는 생각에 우물쭈물하기도 했죠. 이

후에는 빈 의자와 핫 시팅으로 부모님, 언니, 형을 소환하는 시간을 가졌습니다. 평소 말만 꺼내면 싸움이 나서 충분히 대화하지 못했던 그들에게 하고 싶은 말을 했고, 말로 하기 어려우면 가출 이유를 담은 편지를 썼습니다. A는 아버지와 어른들의 부조리한 태도, 거친 말투에 대해 실컷 쓴소리하며 속 시원해했어요. 자신의 인생을 다시 사랑할 용기도 얻었죠.

그리고 약 한 달 후의 시점을 연극으로 만들었습니다. 참 재미있게도 한 달 후에는 대체로 집에 돌아가더군요. 가족들의 반성을 전제로요. A는 아버지가 부드럽게 이야기하고, 부자가 아니라도 좋으니 함께 열심히 살았으면 좋겠다고 했어요. 평화로운 일상을 원하는 A의 마음이 아버지에게 전해질 수 있도록 조치하는 것이 그다음 일이었습니다. 결론은 해피엔드예요. 사실 소통을 하지 않아서 그렇지 다들 자신과 가족이 행복하기를 바라는 마음을 가지고 있으니까요. 방법을 모르거나 소통을 하지 않아 진심이 전달되지 않는 것이 문제죠.

어른보다 어른다운, 우리의 사랑

자신을 찾으러 온 경찰관에게 샘은 말합니다. 보잘것없는 까마귀

분장을 하고 무대 위에서 당당히 연기하는 수지의 모습에 푹 빠져 버렸다고. 수지의 연기를 본 샘은 이 소녀가 자신의 소울메이트라 생각했고, 운명적인 만남을 체험했다는 겁니다.

"영원히 사랑해요!"라는 말을 연인들은 속삭이죠. 이 속삭임은 자신들의 사랑이 영원히 지속되기를 희망하는 말일 거예요. 사랑이 영원하다는 건 변하지 않는다는 의미일까요? 이 세상에 변하지 않는 것은 없으니 사랑도 영원할 수 없는 것 아닐까요? 그렇다면 영원한 사랑의 맹세는 다 거짓이 아닐까요? 이렇게 생각하니 좀 슬프기도 합니다.

그런데 장 뤽 낭시라는 프랑스 철학자는 영원이란 불변이 아니라 시간에서 벗어나는 것을 뜻한다고 말합니다. 또 변하지 않는 것은 지루하다고 해요. 실상 그래요. 사랑도 변하지 않으면 지루합니다. 그러니까 사랑은 변해야 하고, 영원한 사랑은 변하지 않는 사랑이 아니라 어떤 고난과 위험이 닥쳐와도 멈추지 않는 사랑을 의미합니다. 그 형태는 변하겠지만요.

누군가를 사랑하면 자신에게도 변화가 일어납니다. 늘 머물 곳을 찾지 못하던 샘은 수지를 위해 사랑의 보금자리를 만들려고 하죠. 그곳은 샘 자신의 삶을 사랑하기 위한 것이기도 해요. 이름은 문라이즈 킹덤, '달이 차오르는 왕국'입니다. 줄리엣은 로미오에게 말해요. "한 달 내내 변하는 지조 없는 달에 맹세하지는 마세요. 그

대의 사랑이 달처럼 바뀌지 않도록." 하지만 샘과 수지는 달의 변화를 본질의 변화로 여기지 않습니다. 달은 차오를 뿐이니까요. 이들의 사랑은 로미오와 줄리엣보다 사랑의 본질에 더 가까이 다가간 것 같아요. 사랑을 안다고 자부하는 어른들에게 한 수 알려 주는 것 같기도 하고요.

영화는 철없고 유치한 어른들의 모습, 그에 비해 강한 의지와 성숙함을 지닌 청소년의 모습을 대비시킵니다. 수지의 엄마는 수지에게 "왜 모든 게 너에겐 그렇게 어렵니?"라고 하지만, 정작 수지의 부모는 서로 소통하지 못하는 사이예요. 고아인 샘을 맡아 기르겠다고 나선 경찰관은 미혼인 중년 남자인데 사실 수지의 엄마와 사귀고 있어요. 수지는 이 사실을 알고요. 근엄한 얼굴과 다른 속내를 지닌 어른들을 보며 청소년들도 묻고 싶을 것 같습니다. '대체 삶의 진실은 무엇인가요? 어떻게 살아야 할까요?'라고.

우리는 이런 질문을 품고 있기에 연극을 합니다. 모든 사람은 수많은 역할로 살아가죠. 복잡한 역할들이 뒤섞여 갈등이 일어나고 그 속에서 힘들어합니다. 이 힘든 인생이 한 번뿐이기 때문에 힘들게만 살고 싶어 하지 않습니다. 이때 연극은 '되어 보는' 경험을 제공합니다. 이런 인생, 저런 인생을 살다가 죽어 볼 수도 있어요. 그렇게 인생을 사랑하는 방법을 찾을 수 있도록 도와줍니다.

자신을 사랑하는 사람이 다른 사람도 사랑할 수 있죠. 사람을 귀

하게 여기는 진정한 사랑을 경험하면 살아갈 힘을 얻기도 하고요. 삶의 진실은 사랑인 거예요. 연극은 '바라봄'이라는 형식으로 사랑을 가르쳐 줍니다. 다양한 역할로 자신과 타인을 바라보고 소중히 여기게 해요. 우리가 연극을 통해 서로 사랑하며 살아갈 힘을 얻을 수 있는 까닭입니다.

11

감정은 포기할 수
없는 거야

한번은 B가 얼굴이 상기된 채 찾아왔습니다. 자기도 모르게 J의 말투가 너무 짜증 났고, 참을 수 없이 화가 나서 그러면 안 되는 걸 알면서도 J를 밀쳤다는 거예요. J는 넘어지고 의자도 나자빠져서 교실이 아수라장이 되었다네요. 순간 당황했답니다. J를 일으켜 주고 싶은 마음이 들었지만 그렇게 행동하기는 쑥스러워서 계속 화를 냈대요. 결국 모터를 단 것처럼 화가 치밀어 괴성을 지르고 교실 청소함을 쓰러뜨리는 등 폭주하고 말았다는 겁니다. 정신을 차리고 보니 친구들이 멍하니 자기를 보고 있었고요. 선생님한테 야단맞을까 걱정되어 먼저 찾아왔다고 고백하는 거였습니다. 어이없지만 이런 일은 학교에서 자주 일어납니다. '나도 모르게….' 감정이 제어가 되질 않는 거예요.

사람의 감정은 아주 순식간에 변합니다. 여러분의 감정도 스스로 조절하기 어려울 만큼 오르락내리락하는 때가 있을 겁니다.

움직이는 정서

〈인사이드 아웃〉은 감정에 관한 영화입니다. 라일리라는 소녀의 마음속 감정을 상징하는 캐릭터들이 각각의 특성에 따라 라일리의 성장을 돕느라 엎치락뒤치락하는 모습이 재미와 감동을 주죠. 이 영화에 등장하는 감정 캐릭터를 살려 연극을 하면 다양한 대화를 나눌 수 있답니다.

감정 캐릭터는 기쁨, 소심, 버럭, 슬픔, 까칠 이렇게 다섯입니다. 기쁨이는 라일리가 태어났을 때 같이 태어났습니다. 여러분은 태어날 때 어떤 기분이었는지 기억할 수 있나요? 아마도 기쁨이었을 거예요. 슬픔이도 같이 태어났다고요? 그럴 수도 있죠. 아기들은 잘 우니까요.

주인공의 어린 시절을 이끌어 가는 주된 감정은 기쁨입니다. 긍정적인 사고, 욕망을 충족시키려는 의지 등을 의미하죠. 그런데 라일리가 사춘기가 되었을 때 기쁨이가 슬픔이와 함께 감정 컨트롤 본부에서 이탈하는 사건이 발생합니다. 전학을 간 학교에 처음 등교한 날부터 이틀 뒤 저녁까지였는데요. 기쁨이가 없는 감정 컨트롤 본부는 리더를 잃은 듯 뒤죽박죽 엄청난 혼란에 빠집니다.

여러분의 감정 컨트롤 본부에서도 기쁨이가 이탈하는 때가 있죠? 뭐가 뭔지 어지러울 정도로 복잡하고 우울해서 숨 쉬기도 어려운 기분이 드는 순간 말이에요. 그래서 〈인사이드 아웃〉을 소재로 지금의 감정과 필요한 감정이 무엇인지 생각해 보는 수업을 여러 차례 했습니다. B를 포함해서요.

같은 학생들인데도 할 때마다 정서가 자꾸 달라지더군요. 하루에도 몇 번씩 감정이 들쭉날쭉하는 것이 사춘기의 특성이라는 걸 알 수 있었습니다. 사실 드러내지 않아서 그렇지 어른들도 감정이 변화무쌍한 날이 있어요. 아마도 삶의 조건이 늘 같지 않기 때문일 겁니다. 지금 이 글을 쓰는 계절은 여름인데 날씨가 하도 후덥지근해서 시작은 까칠이었지만 글을 쓰는 동안 여러분과 대화를 나누는 것 같아 마음이 기쁨으로 가득해지는 것처럼 말입니다. 사람의 감정이란 내부 요인과 외부 요인이 어떻게 연결되느냐에 따라 자주 바뀌는 속성을 지니는 것 같습니다. 도를 닦는 수행자들은 그러한 변화에서 벗어나 어떤 조건에서도 고요함을 유지하려고 노력하죠. 감정의 변화라는 게 얼마나 힘들면 수행을 다 하겠어요? 그런데 평범한 우리는 아직 그 경지에 이르기 전이니, 자신의 감정이 어떻게 흘러가는지 느끼고 표현하고 받아들이면서 감정 변화를 자각해 보는 겁니다. 혼자 하기보다 연극을 통해 서로 바라봐 주고 도와

주면 좀 더 수월합니다.

슬픔의 짝

〈인사이드 아웃〉의 다섯 캐릭터 그림을 벽에 붙입니다. 그리고 요즘 자신의 감정과 가장 가까운 캐릭터의 그림 밑으로 이동합니다. 같은 감정끼리 모인 사람들은 그림 아래 앉아서 왜 그런 감정이 되었는지 이야기하고, 이야기를 바탕으로 그 감정이 나타나는 상황을 담은 짧은 즉흥극을 만듭니다. 에피소드를 추리는 동안 이렇게 저렇게 감정의 조각들을 이어 붙이고, 자르고 하다 보면 떠들썩한 분위기가 됩니다. 서로의 공연을 본 다음에는 다시 자신에게 있었으면 좋겠다고 생각하는 캐릭터의 그림 아래 모입니다. 그 캐릭터 밑에 온 이유도 이야기하고요.

소심이를 선택했던 사람들은 대체로 버럭이 앞으로 갑니다. 평소에 너무 소심해서 가끔은 '버럭' 하고 소리를 지르고 싶을 때가 있다면서요. 기쁨이들은 슬픔이나 까칠이 쪽으로 움직입니다. 이렇게 몇 번을 움직이다 보면 필요하지 않은 감정이 없음을 알게 되죠.

기쁨이는 라일리를 무조건 행복하게 해 줘야 하고 어떤 일이 있어도 절대 슬프고 우울하게 해서는 안 된다는 강한 신념과 강박이 있습니다. 그래서인지 언제나 슬픔이의 활동을 제지하고 슬픔으로

이루어진 핵심 기억이 있으면 아예 없애려고까지 합니다. 슬픔이와 본부 밖에서 작전을 수행할 때도 라일리가 슬퍼지는 것을 원치 않는다며 슬픔이를 버려두고 혼자서만 본부로 귀환하려는 행동을 보이기도 합니다. 그러나 슬픔이의 역할은 생각보다 매우 중요했습니다. 위기를 겪던 라일리가 슬픔을 통해 가족들과 공감하며 깊은 유대감과 행복을 느끼게 되거든요.

슬픔의 이유에는 결핍과 상실이 있습니다. 결핍은 무언가 있어야 하고, 있기를 바라지만 지금 없기에 허전한 느낌입니다. 그로 인해 제자리를 맴돌고 있는 듯하죠. 그것만 채울 수 있다면 훨훨 날개를 달고 저 하늘을 날 수 있을 것 같은데 말입니다. 또 상실은 결핍과 유사하지만 있던 것이 베어져 나간 상처의 흔적입니다. 지니고 있던 존재의 온기를 잃어버리고 가슴 한구석에 바람이 숭숭 통과하는 것처럼 공허한 느낌입니다. 상실의 고통은 사람을 주저앉게 합니다. 무언가 붙들고 일어났으면 좋겠다는 희망을 품기조차 어려워 그냥 바닥에 엎드려 있을 수밖에 없는 느낌입니다. 다시 일어서려면 버팀목이 필요하죠. 이런 쓰라림을 느껴 본 사람은 다른 사람이 그와 같은 상태일 때 따뜻한 마음을 전하고 기댈 곳이 되어 줄수 있습니다. 우리는 슬픔에 무기력해지기도 하지만 이 경험으로 타인과 연결될 수 있어요. 공감의 정서는 슬픔과 가깝습니다.

기쁨이는 슬픔의 역할을 인정하게 됩니다. 어려움을 함께 극복하며 느낀 슬픔은 사랑을 더 단단하게 만들고, 슬픔을 겪은 후에 오는 기쁨은 더 풍성하다는 것을 깨닫습니다. 다른 감정 캐릭터들은 몸과 머리의 색이 같죠. 그런데 기쁨이만은 머리카락의 색이 슬픔의 파란색이랍니다. 어쩌면 기쁨이란 감정은 슬픔과 함께, 공감이나 유대감과 함께여야 완성되는 게 아닐까요? 그래서 진짜 기쁠 때 눈물이 나오는지도 모르겠어요.

12

그의
이름은

우리는 모두 어디에선가 이주해 온 사람들입니다. 고향에서 나고 자랐다고요? 그래도 가끔 낯선 느낌이 들 때 있잖아요.

태어난 나라를 떠나 다른 나라에서 일하고 있는 노동자를 이주 노동자라고 합니다. 우리나라에도 이주노동자가 무척 많아요. 낯선 외모가 도드라지는 사람도 있고, 한국인과 전혀 구별되지 않는 사람도 있죠.

한 이주노동자의 죽음

어느 공장 냉동 창고에서 시신이 한 구 발견되었습니다. 황인종의 피부색에 머리가 검고 키가 작다고 합니다. 인상착의를 들으면 얼른 동남아시아에서 온 이주노동자가 떠오를 거예요.

그런데 죽은 이주노동자의 이름은 '코리언'이라고 해요. 어떻게 된 거죠? 이름이 코리언이라면 한국 사람일까요? 그는 왜 죽었을까요?

학생들과 그 죽음의 원인을 밝혀 보기로 했습니다. 사건의 전말을 연극으로 만드는 과정에서 토론이 오갔습니다. 죽은 이의 이름이 코리언인데도 별명이 코리언인 동남아시아 사람일 거라고 추측하기도 했죠. 이후 또 하나의 단서를 찾게 되는데, 코리언의 숙소에서 발견된 편지 한 통입니다. 그 편지는 코리언이 썼고 수신자는 고국에 계신 아버지입니다.

아버지, 이 나라는 차가 없으면 다닐 수 없는 광활한 대지의 나라예요. 고향 생각을 하면 어릴 적 소풍 갈 때 먹던 김밥이 떠올라요….

모두 어리둥절했습니다. 사건이 일어난 곳은 한국이고 동남아시아에서 이주해 온 노동자가 죽었다고 생각했는데 편지 속 '광활한 대지의 나라'는 어쩐지 한국이 아닌 다른 나라에 대한 묘사 같았던 거예요.

코리언은 외국에서 노동을 하고 있던 한국인이었습니다. 학생들은 한국인이 이주노동자가 되어 일하는 모습을 상상조차 못했던 겁니다. 우리나라 사람들도 외국에서 일을 하고 돈을 버는데 말입니다. 워킹 홀리데이로 여행 경비를 마련하기도 하고, 완전히 이주해 취업하기도 하죠. 하와이로 떠난 농민들, 독일에 파견된 간호사와 광부들, 중동으로 간 건설 노동자들처럼요.

막심 고리키의 희곡 〈밑바닥에서〉에는 고향을 떠나 객지를 떠도는 이들이 모여 사는 허름한 여관이 나옵니다. 그곳에 어떤 사람들이 있을 것 같으세요? 모르긴 해도 이주노동자 한 사람쯤 살 거라고 짐작할 수 있습니다. 얼마 전 대학로에서 공연 중인 〈밑바닥에서〉를 봤는데, 연극 속 이주노동자는 크리보이 조프라는 무슬림이었어요. 시간 맞춰 알라신께 기도하는 사람이죠. 일하다 다쳐서 괴사된 손가락을 잘라 내야 하는 상황에 처해 있던 조프는 작은 조연이었습니다. 그의 기도와 손가락 절단은 연극에 어떤 영향도 주지 않았습니다. 이방인은 그렇게 경계를 떠돌다 사라졌습니다.

〈밑바닥에서〉는 나온 지 120년도 더 된 작품이에요. 그런데 지금 다시 무대에 올라도 전혀 어색하지 않았어요. 그건 아직도 우리 사회에 나누고 차별하는 분위기가 있기 때문이 아닐까 합니다.

구별을
허무는 몸

〈배낭을 멘 노인〉이라는 단편 애니메이션이 있어요. 어떤 마을에 커다란 배낭을 멘 노인이 나타나는데, 그는 한시도 배낭을 몸에서 내려놓지 않고 늘 메고 있죠. 이 노인의 배낭에는 무엇이 들어 있을까요? 답변은 다양하고 놀랍습니다. 어떤 아이들은 시체가 들어 있을 거라고 말했어요. 배낭의 유래를 상상해 즉흥극으로 표현하는 아이들의 표정이 사뭇 진지했던 걸 보면, 아마도 유괴 사건을 생각한 것 같습니다. 저는 노인의 배낭 속에 무엇이 들어 있었는지 알려 줬습니다. 그러자 이번에는 아이들이 깜짝 놀랐답니다. 배낭에는 커다란 돌들이 들어 있었거든요.

노인은 왜 배낭 속에 돌을 넣고 다녔을까요? 돌은 큰돈을 벌 수 있는 보물도 아니고 운석 조각이나 살인 도구도 아니었습니다. 그는 태어날 때부터 중력의 영향을 받지 않는 사람이었던 겁니다. 땅에 붙어 사람들과 같이 살려면 배낭에 돌을 넣어 다녀야 했습니다. 어린 몸이 자라나면 돌과 가방의 크기도 따라서 커졌고요. 삶의 무게였던 거죠.

이런 사정을 모르는 사람들은 노인을 경계합니다. 그가 나타나기만 하면 수군거리고, 흉흉한 소문도 만들어 냅니다. 그러다 노인이 숨을 거두고 그의 등에서 배낭이 벗겨지자, 노인의 몸은 하늘로 둥실둥실 떠오릅니다. 입가에는 알 듯 모를 듯한 미소가 번져 나갑니다. 진실을 알게 된 사람들은 그의 몸을 잡아 내려 관 속에 돌을 가득 넣고 마을 묘지에 모십니다. 죽은 뒤에야 마을 사람들과 함께하게 된 거예요. 하늘을 날았던 노인의 미소는 어떤 미소였을까요? 아이들은 그의 미소가 해방의 미소라고도 하고, 드디어 마을 사람들에게 이해받아 행복해진 마음의 표현이라고도 했습니다.

구별 짓기는 나와 다른 존재를 위협으로 인식하는 데서 시작됩니다. 내 영역과 안전을 침범하는 적으로 여겨 그의 존엄을 훼손하기도 하죠. 한국에 있던 이주노동자들은 코로나바이러스가 불러온 팬데믹 사태로 전염병과 차별이라는 두 가지 곤경에 처했습니다. 공적 마스크를 쉽게 구할 수 없는 형편, 세금을 내고 있지만 재난지원금은 받을 수 없는 상황 때문에 감염 위험에 더욱 크게 노출되었다고 합니다. 특히 '역학 조사' 등 방역과 관련된 새로운 용어는 우리에게도 익숙지 않은 말이었으니 이들에게는 난관이 아닐 수 없었을 겁니다. 또 초기에는 중국 동포(조선족)나 중국인 이주노동자가 코로나바이러스 보균자로 낙인찍혔습니다. 여러 가게에서 '외국인 출입 금지'를 써 붙였고, 나중에는 이주자 전체를 향한 혐오와 차별로 번졌죠.

머리로는 사람을 존중하며 차별하지 말아야 한다는 것을 알지

만, 실제로 피부색이나 국적이 다른 사람을 맞닥뜨렸을 때 우리의 표정은 무의식적으로 다름에 대한 거부감을 드러냅니다. 우리도 다른 나라에서 생계를 이으며 살아간다면 이주노동자인데 이 점을 생각하지 못합니다. 학생들과 코리언의 죽음을 연극으로 만들며 깨달은 건 이주노동자는 동남아시아인이지 우리는 아니라는 편견이었습니다.

연극을 하며 이주노동자의 역할을 입고, 고국에서 떠나기 전 가족사진을 찍고, 처음 외국에 도착해 가게 된 일터에서 차별받고, 말이 안 통하는 식당에서 음식을 주문하느라 답답함을 겪어 보며 알 수 있었습니다. 우리도 낯선 곳에 가면 금세 이방인이 될 수 있다는 것을. 머리로는 한참 걸려야 이해할 수 있지만, 실제로 그 역할이 되어 말을 해 보면 바로 알 수 있습니다. 이것이 연극이 주는 소통과 공감의 속도이며 깊이입니다.

13

당신의 바다는
어떤 모양입니까

인용 도서

윤정환, 《당신의 눈》, 연극과인간, 2018

연극은 몸으로 겪고 짓는 예술입니다. 그래서 연기자들의 훈련 프로그램 가운데는 감각을 예민하게 단련하도록 고안된 것들이 있습니다. 눈을 가리고 오직 청각, 촉각, 후각 등 다른 감각을 이용해서 공간을 지각하는 프로그램도 있는데요. 하나 소개할게요. '눈 감고 여행하기'입니다.

　두 사람이 짝을 지어 가위바위보를 한 뒤 이긴 사람은 눈을 감거나 안대를 하고, 진 사람은 그의 팔을 잡아 주며 공간을 걷는 놀이예요. 특정 연대와 장소, 사건을 알려 주면 그에 맞는 공간을 걷게 됩니다. 이를테면 조선 시대 장터, 15세기 이탈리아 르네상스 시대의 피렌체, 혹은 꿈속을 제시할 수 있습니다. 눈을 감은 채 걷는 사람이 상상한 풍경을 이야기하면 눈을 뜨고 팔을 잡아 주며 안내하는 사람은 그 이야기를 잘 듣고, 들은 이야기를 기억합니다. 이야기에 응답해도 좋아요. 그렇게 일정 시간 동안 걷습니다.

신기하게도 눈을 감은 사람의 눈앞에는 다양한 사물과 상황이 파노라마처럼 펼쳐집니다. 거리에서 다른 사람이 무엇을 하고 있는지 보이고, 만난 이들과 대화를 할 수도 있어요. 때때로 냄새까지 맡을 수 있답니다.

여행이 끝나면 모여 앉습니다. 눈을 뜨고 안내했던 사람은 들은 이야기를 바탕으로 그림을 그립니다. 눈을 감고 여행을 했던 사람은 자신이 상상했던 세계가 그림과 어느 정도 일치하는지 비교해 봅니다.

같은
눈높이

이 놀이는 한 사람의 시각을 제한하고, 다른 사람은 청각에 집중하게 합니다. 눈을 감았던 사람 중에는 상상이 잘되기는 했지만 걸을 때 두려움이 컸다는 사람도 있고, 짝이 옆에 없었다면 넘어지지 않으려고 애쓰느라 상상의 세계를 여행하기 힘들었을 거라는 사람도 있습니다. 짧은 시간이었지만 그 불편함은 이루 말할 수 없었던 겁니다.

예전에 휠체어를 이용해 보는 프로그램이 있었습니다. 휠체어에 앉아 지도 한 장을 들고, 지정된 길을 따라 서울 도심을 이동하면서 소소한 미션을 수행하는 활동입니다. 무슨 일이 벌어질지 상상이 가나요? 어느 정도는 예상이 되죠. 편의점이나 가게에 휠체어를 타고 드나드는 일이 수월할까요? 사람들의 호기심 어린 시선도 무척 신경 쓰일 거예요.

실제로는 휠체어에 적응하는 것부터 쉽지 않았다고 합니다. 도시를 오가는 사람들은 예상보다 친절했지만 정작 휠체어를 타고 다니는 여정 자체가 너무 힘들었답니다. 언덕 오르기, 길턱 넘기, 굴러가는 바퀴 속도 제어하기⋯. 참여자들은 좌절했습니다. 둔덕도 많거니와 도로는 한쪽으로 기울어져 있고 큰길 뒤편 골목에는 길 한가운데 작은 구덩이가 수없이 많아서 바퀴를 굴리느라 진땀을 흘려야 했습니다.

2022년 전국장애인차별철폐연대(전장연)가 출퇴근길 지하철 시위를 하자 한 신문은 이런 기사를 냈죠. "지난해 12월부터 지하철 시위를 진행해 온 전장연은 최근 <u>출근길과 퇴근길을 병행하면서 시위를 벌이고 있어 시민들의 불편이 지속되고 있다.</u>" 기사는 사실을 다루고 있으나 밑줄 친 부분은 일종의 여론을 형성하는 내용입니다. 시민들의 불편도 사실이지만, 장애를 지니고 살아가는 사람들의 불편과 견주면 비교도 하기 어려우니까요.

태어날 때부터 손가락 모양이 달라 늘 장갑을 껴야 하는 여성의 이야기를 역할극으로 만든 적이 있습니다. 그녀는 손을 움직이는 데 전혀 문제가 없었지만 사람들의 시선 때문에 장갑을 뺄 수 없었고, 취업에도 어려움을 겪었죠. 학생들은 그녀의 역할을 입고 다양한 상황에서 어떻게 행동해야 할지 판단하고 움직여야 했어요. 그 과정에서 미처 생각지도 못했던 불편들과 마주하며 자신의 일처럼 힘겨워했습니다. 그 사람의 호흡 속에서 진정한 공감을 경험했죠. 이 학생들이 앞의 기사를 읽는다면, 교통의 불편보다 시위를 하게 된 원인을 해결할 방법을 찾는 데 관심을 갖지 않을까요?

누군가의 삶을 그의 눈높이에서 체험하면, 통증에 손을 내미는 사람들과 만나게 될 겁니다. 서로 대화하고 눈빛을 교환하며 나는 그가 되고, 그는 내가 되죠.

소리로 보는 세상

희곡 한 편을 소개합니다. 프롤로그부터 마음에 와닿은 말이 있어요. '진짜 세상'이라는 말입니다.

> **민수**　가끔 이런 생각을 합니다. 내가 만나는 세상이 진짜 세상이 아닐지도 모른다는….

언제나 TV나 라디오를 통해서 만나고 때론 컴퓨터를 통해서 만나는 세상이었기 때문입니다. 곧 서른이 되지만 저는 이 세상에 나온 지 얼마 되지 않습니다. 그리고 솔직히 말하면 보시다시피 저는 소리로만 세상과 만납니다. 나이 스물다섯에 바다를 처음 봤습니다. 아니, 실은 만져 봤습니다. 그때 전 태어나서 처음 바다 냄새를 맡았습니다. 맛을 보고 싶어 한 움큼을 마셨습니다. 너무너무 짠맛이었는데도 행복해서 웃었습니다. 행복에 겨워 웃다가… 웃다가… 결국 눈물을 흘렸습니다. 그것이 슬픔인지 행복인지 분명히 알 순 없지만 내 가슴에 있는 그 순간은 너무도 소중합니다.

윤정환 작가의 〈당신의 눈〉입니다. 이 작품의 제목에서 '눈'은 사람의 눈이 가진 기능을 말하기도 하고 어떤 상황에 대한 관점을 뜻하기도 합니다. 같은 상황을 보고도 입장에 따라 다르게 바라볼 수 있음을 보여 주고, 서로 다른 시선들을 통합해서 이해하고 수용하길 바라는 마음에서 쓴 연극이라고 해요.

줄거리를 따라가 보면 이렇습니다.

시각 장애인 민수, 그의 친구이자 휠체어를 타는 작가 정아, 그리고 문구점 노부부의 이야기가 나선형처럼 이어집니다. 문구점 할아버지 덕선은 휠체어 이용자입니다. 자신의 죽음을 앞두고 부인

귀녀에게 문구점 운영 방법을 하나씩 알려 주고 있습니다. 시각 장애가 있는 귀녀는 아직 복사기 조작이 서툽니다. 그때 정아가 문구점으로 복사를 하러 급히 들어옵니다. 면접 시간이 촉박해 복사를 빨리 해야 하는데 덕선은 귀녀에게 계속 복사를 맡깁니다. 결국 정아는 면접에 지각을 하고, 그 일을 계기로 노부부의 일상에 얽혀 들어갑니다.

이 희곡을 읽다 보면 사실과 진실, 허구가 뒤섞여서 어떤 것이 현실이고 어떤 것이 가상인지 헷갈립니다. 무대 세트, 등장인물, 이야기의 전개 등 모든 요소가 모호하게 엮여 있죠. 같은 상황이 여러 번 반복되고, 같은 장면이라도 다른 인물의 시각으로 전개되니 대사도 달라집니다. 연극은 이런 질문을 하는 듯합니다. 우리가 보는 진짜 세상은 어떤 걸까요?

정아는 휠체어를 타고 횡단보도 앞에 섭니다. 민수처럼 길을 건너 보기로 합니다. 눈을 감고, 초록불을 알리는 보행 신호 소리에 의지해 길을 건넙니다. 그러다 좌회전 신호를 받고 출발한 자동차에 치입니다. 놀랍게도 횡단보도의 신호등 색깔은 빨간색이었던 것입니다. 고장 난 보행 신호에 따라 길을 건너던 정아는 그렇게 사망하고 맙니다. 사고 과정이 명확하게 묘사되지는 않지만 경찰들의 대화 속에서 관객은 이 사실을 유추할 수 있습니다. 그러나 사건은 오직 휠체어를 탄 무단 횡단자의 실수로 정리됩니다. 사고 당시

근처에 있던 민수와 귀녀가 보행 신호 소리가 이상했다고 증언했지만, 경찰은 둘 다 시각 장애인이기 때문에 아무것도 볼 수 없었다고 판단하죠. 두 사람은 소리로 똑똑히 봤지만 그들의 감각을 누구도 믿지 않았습니다. 정아의 교통사고는 거짓된 다수가 진실을 비정상으로 여기며 몰아내는 것에 대한 은유일 수도 있습니다.

여러분은 어떤 눈으로 세상을 보고 싶으세요? 눈의 차이는 이야기를 간직하는 방식에 있는 것 같습니다. 경험한 세상을 '어떻게' 자신의 이야기로 간직하고 있나요? 경험을 이야기로 만드는 관점은 '누구의 관점'인가요? 사람들은 경험한 사실 모두를 이야기로 간직하지 않습니다. 자신이 추려 낸 장면을 재배열해서 저마다 다른 이야기로 기억한답니다. 학교 운동회에 대한 추억을 비교해 보면 잘 알 수 있습니다. 똑같이 릴레이 경주를 봤다 해도 기억하는 이야기는 서로 다를 겁니다. 달리다 넘어진 사람이 내 친구라면 친구가 다쳐서 놀랐던 상황을 떠올릴 거고, 넘어진 사람에게 발이 걸려서 1등을 놓친 사람의 친구라면 함께 안타까워하며 목이 메었던 장면을 떠올리듯이.

여러분이 간직하고 있는 특별한 이야기는 어떤 모양입니까? 이야기는 몸의 눈이 아니라 마음의 눈에 의해 달라질 수 있습니다. 마음의 눈이 왜곡되어 있는 사람에게 세상은 거칠고 비뚤어진 이야기로 저장되어 있겠죠.